ミュージカル映画が《最高》であった頃

喜志哲雄

国書刊行会

目次

ミュージカル映画が《最高》であった頃

第一章　ミュージカル映画の誕生――『ジャズ・シンガー』

1

世界最初のトーキーは『ジャズ・シンガー』（一九二七年）だと言われることがある。この作品は世界最初のミュージカル映画だと言われることもある。だが、厳密に言うとどちらも事実ではない。

トーキーとは、観客が映像と音声を同時に受容できる映画のことだとするなら、そういう映画は『ジャズ・シンガー』が初めてではなかった。この映画の公開から八十年経ったのを記念して発売された三枚組のＤＶＤがあり、『ジャズ・シンガー』そのものを初めとしてさまざまの興味深い資料が収録されているが、そのひとつは『音声の曙――いかにして映画は語ることを学んだか』と題するドキュメンタリーである。それを見ると、『ジャズ・シンガー』の何年も前から、短篇ではあっても、人物が語ったり歌ったりする様子を捉えた映画が何本も作られていたことが分る。
それに、『ジャズ・シンガー』は決して完全なトーキーではなかった。この作品の大部分は、音声を伴わないショットや、ある人物がものを言っている（しかし、声は聞こえない）ショットに続いて、その人物が口にした言葉が字幕で示されるというシークウェンスからなっている。これは無声映画の手法である。つまり『ジャズ・シンガー』は実質的には無声映画だったのである。

この作品は世界最初のミュージカル映画だとする見方も、もちろん不正確である。確かに『ジャズ・シンガー』には人物が歌う場面がいくつも含まれてはいるが、それらが物語の展開に深く関わっているわけではない。この作品は単なる歌入り映画なのだ。大抵の映画史家は、一九二九年に公開された『ブロードウェイ・メロディー』（ハリー・ボーモント監督［一八八八〜一九六六］）を最初のミュージカル映画と見なしている。この作品は、二人の姉妹とある男性とをめぐる恋愛と仕事の物語を扱っており、歌や踊りの場面が何度も現れるが、それらと物語との関係は『ジャズ・シンガー』の場合よりもはるかに緊密である。

それなら、なぜ『ジャズ・シンガー』は事実の裏づけを伴わない評価を得るに至ったのか。この問いに答えることは容易ではなさそうだ。しかし、正確ではない評価を得たという事実そのものに、この映画の独自性を解く鍵が隠れているような気がする。

『ジャズ・シンガー』の起源については具体的なことが分っている。
後に作家として大成するサムソン・ラフェルソン（一八九六〜一九八三）という人物がいた。この人物はイリノイ大学の学生だった時に、イリノイ州シャンペインの劇場でアル・ジョルスン主演の『ロビンソン・クルーソー・ジュニア』というミュージカルを観た。そして強い印象を受けた。一九一七年四月二十五日のことである。

アル・ジョルスン（一八八六～一九五〇）は、本名をエイサ・ヨールソンというロシア系ユダヤ人で、父親はユダヤ教のキャンターだった。キャンターというのは、ユダヤ教の礼拝で歌唱や祈りを先導する朗詠者、独唱者のことである。ジョルスンは幼い時に家族と一緒にアメリカへ移住し、やがてヴォードヴィルの舞台に立つようになった。彼がとりわけ得意としたのは、ブラックフェイスと呼ばれる芸であった。これは、白人の俳優が顔を黒く塗って黒人の真似をするというもので、もっぱらそれによって客を呼ぼうとする芸能をミンストレル・ショーと呼び、当時のアメリカでは非常に人気があった。もちろん、ほんものの黒人ではなくて白人が黒人に扮し、白人にとっての黒人のイメージ、白人の想像力によって誇張された黒人像を表現しようとするのだから、差別的であることは否定できないが、それが黒人の人権を損なうものだという考え方はまだなかった。

アル・ジョルスン自身も人気者になり、ヴォードヴィルやミンストレル・ショーを卒業してブロードウェイで本格的なミュージカルに出演するようになった。『ロビンソン・クルーソー・ジュニア』はそのひとつで、ニューヨーク公演は一九一六年二月十七日に初日をあけ、同年六月十日まで上演が続いた。当時の例として、ブロードウェイで好評を得た演目は地方を巡演することが多かったから、若いサムソン・ラフェルソンが観たのもそういう舞台だったに違いない。

『ロビンソン・クルーソー・ジュニア』はダニエル・デフォー（一六六〇～一七三一）の小説（一七一九年）を下敷きにした作品で、原作のロビンソン・クルーソーに該当するのは、ロング・アイランドの豪邸に住むハイラム・ウェストベリーという富豪である。彼の屋敷を使いたいと言って映画撮影隊がやって来るが、彼は対応に疲れ、眠りこんでしまう。そして、自分がロビンソン・クルーソーの息子だという夢を見る。ジョルスンは彼の運転手のガスという人物を演じていたが、主人の夢の中では従僕のフライデイとなってブラックフェイスで登場する。デフォーの原作では主人と従僕は無人島で暮すのだが、ミュージカル版では二人は色々な場所を遍歴する。そしてジョルスンは次々に歌を披露する。このミュージカルでいちばんよく知られているのは、おそらく「ロビンソン・クルーソーはどこへ行ったか、フライデイと一緒に、土曜の夜に」という歌であろう。フライデイと土曜（サタデイ）にかけた言葉遊びが用いられている。「ロビンソン・クルーソーとフライデイは小屋でおとなしく暮していたが、土曜には小屋は閉っていた。そして日曜の朝には二人はおぼつかない足取りで帰って来た。どこへ行っていたのだろう」といった、思わせぶりな歌詞がついている。

しかし、ラフェルソンが感動したのは、こういういかがわしい歌ではなく、「オオハンゴンソウが育つところ」という感傷的な歌だった（この歌はニューヨーク公演では歌われず、地方巡演でつけ加えられた）。オオハンゴンソウというのは北アメリカでは広く見られる植物で、黒い花芯と黄色い花弁をもった花をつける。だが「オオハンゴンソウ」では面白くも何ともない。問題は英語の原名で、「ブラックアイド・スーザン」――つまり「黒い目のスーザン」という、いか

［上］『ブロードウェイ・メロディー』（1929）［下］『ジャズ・シンガー』（1927）アル・ジョルスン

にも魅力ありげな女性の名前がついているのである。やや感傷的な曲に「私は帰りたい、黒い目のスーザンが育つところへ。彼女は農夫の娘だ。私はきっと歓迎されるだろう」といった歌詞がついている。つまり、歌い手は花にことよせて、知るべの若い娘を懐かしんでいるのである。ちなみに、ダグラス・ジェロルド（一八〇三～五七）というイギリスの劇作家に『黒い目のスーザン』（一八二九年初演）と題する有名なメロドラマがある。女主人公のスーザンは戦に出た水兵の夫の留守を守る貞淑な人妻で、悪い男の誘惑を斥《しりぞ》け、やがて無事に帰還した夫と幸せに暮す。つまり、この花の名はこういうかたちでも利用されたのである。

さて、ラフェルソンはブラックフェイスのジョルスンが跪《ひざまず》き、白い手袋をはめた両手を観客に向って差し出しながら歌うのを聞いて、「歌詞は問題ではなかった。曲も問題ではなかった。問題は感情――キャンターの感情なのだ」と感じた。ジョルスンは単なる歌手ではなくて宗教者のように感じられたというのである。

一九二二年、ラフェルソンは五年前の観劇体験を踏まえ、ジョルスン自身を念頭において書いた「償いの日」という短篇小説を発表した。「償いの日」（あるいは「贖罪の日」）とは「ヨム・キプル」と呼ばれるユダヤ教の重要な日のことで、敬虔なユダヤ人は、この日は飲食を断ち、勤労を控え、過去一年間に自分が犯した罪の赦しを求めて祈ることになっている。太陽暦では九月か十月になる。

短篇の主人公はジェイキー・ラビノウィッツというニューヨークの下町に住むユダヤ人の若者だ。彼は十世代も続いたキャンターの家柄の息子で、父親は彼がキャンターとして後を継ぐものと決めてかかっているが、ジェイキーは気が向かない。アメリカのポピュラー音楽や映画が好きな息子は、映画館で歌を披露するようになる。ある時、デイヴィッド・リーという興行師が彼の歌を聞いて感心し、ヴォードヴィルの一座に参加させることにする。ジェイキーはジャック・ロビンと名乗って各地をまわるが、サンフランシスコでメイ・プレンティスという非ユダヤ人のダンサーと知り合い、好意をもつようになる。進路に迷う彼は、親たちが求める暮しを選ぼうかと思うこともある。だがシカゴでメイに再会し、互いの気持を確かめ合った後、結婚を約束する。そのことを彼はデイヴィッド・リーと母親とに手紙で知らせる。リーは彼に仕事を与え、ニューヨークへ戻って来いと言う。だが両親は——とりわけ父親は——息子が非ユダヤ人の女と結婚することがどうしても許せない。不意に家へ帰って来た息子を、父親は追い出す。ジャック（ジェイキー）が出演するショーの稽古が進む一方、「償いの日」が近づいて来る。ジャックを追い出した後、父親は体調を悪化させ、ショーが初日を迎える日に急死する。それを知ったジャックが急いで帰宅すると、母は「父さんはお前が償いの日にキャンターとしての務めを果してほしいと言っていた」と彼に告げる。彼は意を決して死んだ父の願いを叶える。ショーはジャックぬきで初日をあけた。翌日、デイヴィッド・リーはジャックの家を訪ね、事態を知る。彼は同僚に電話をかけ、「アメリカ最大のラグタイム歌手が誕生するところだ。すぐにやって来い」と言う。初日には出演できなかったが、ジャックは歌手として大成功を収めることがほのめかされているのである。

　この小説は評判がよく、ラフェルソン自身によって戯曲化され、『ジャズ・シンガー』という題で上演された。一九二五年九月のことである。主役はやはりユダヤ人のジョージ・ジェッセル（一八九八～一九八一）という人物が演じた。彼はそれまではもっぱらヴォードヴィルに出演していたが、これ以後、本格的な台詞劇で活躍するようになった。

この劇を映画化することにしたのはワーナー・ブラザース社だった。これより先、ワーナー社はヴァイタフォンという録音システムを買い取り、『ドン・ファン』（アラン・クロスランド監督［一八九四～一九三六］、一九二六年）でそれを活用していた。『ドン・ファン』は無声映画ではあったが、長篇劇映画としては初めて伴奏音楽を大がかりに用いた作品だった。この録音システムは、もちろん『ジャズ・シンガー』でも用いられることになる。映画版の主役は、多少の紆余曲折はあったが、アル・ジョルスンが演じることになった。やはりクロスランドが監督をつとめ、アルフレッド・A・コーン（一八八〇～一九五一）が脚本を担当したこの映画は、一九二七年十月六日に公開され、大ヒットとなった。

2

映画『ジャズ・シンガー』は、ロウワー・イースト・サイドと呼ばれるニューヨークの下町（つまり、マンハッタン島の南東地域）の情景で始まる。このあたりはユダヤ人の居住地区だった。場面はラビノウィッツ家へ移り、キャンターである夫と妻のサラが息子のジェイキーについて案じている。五世代も続いたキャンターの家に生れたのに（ラフェルソンの原作では「十世代」になっていた)、あの子は後を継ぐ気はなさそうだと言って親たちは歎く。

十三歳のジェイキー(ロバート・ゴードン[一九一三〜九〇])が、さるビア・ガーデンで客たちのために歌を歌っている。この場面で初めて、映画の観客は歌声を実際に聞く。ジェイキーの父親がキャンターを務める教会の有力信者で、ラビノウィッツ家の人たちとも親しいユーデルソンという男(この人物は脇役だが、映画の随所で重要な役割を果す)がたまたまこの店におり、こともあろうにキャンターの息子が歌っているのを知って肝をつぶす。彼から事実を告げられたキャンターはすぐさまビア・ガーデンに向かう。相変らずジェイキーが歌っており(この場面もトーキーになっている)、父親が現れたのに気づいた息子は歌うのをやめる。父親は息子を連れ帰り、折檻する。息子は家出を宣言する。

償いの日が迫っているので、キャンターは礼拝の準備をし、会衆に向って、「今夜、私の息子が横に立って歌う筈でした――しかし、もう私には息子はいません」と述べる(この言葉は声ではなく、字幕で伝えられる)。やがてキャンターは、償いの日を迎えるための「コル・ニドレ」という歌を歌い始める。ジェイキーは一度は帰宅するが、父親の歌声を後にして、今度こそ本当に家を出る。

「何年も後、そして家から三千マイルも離れたところ」という字幕が出る。ここからは、アル・ジョルスンがジェイキー――と言うより、ジャック・ロビンと名乗るようになった歌手を演じる(原作と違って、ジェイキーがどんな経過でプロの歌手になったのかは、映画では示されない)。ところはサンフランシスコ、ジャック・ロビンが友人と一緒にあるナイトクラブで食事をしている。ここは歌手の卵が芸を披露する場所でもある。促されて彼は登壇し、「汚れた手、汚れた顔」という歌を歌い始める。汚れた両手や顔の持主は自分の幼い息子で、誰が何と言おうとこの子は何ものにも代えられないといった内容で、幼い息子に恵まれた父親の喜びの歌である。これはジョルスンが出演した『ボンボー』（一九二一年初演）というミュージカルで披露されたものだった。

歌い終えると、ジョルスンは喝采する聴衆を片手を挙げて制し、およそこういうことを述べる――「ちょっと待って！　ちょっと待って！　まだまだ、こんなものじゃありませんよ！　ちょっと待って！……聞きたいですか、「トゥート、トゥート、トゥーツィ」を？　分りました……」。彼はバンドリーダーに指示を出し、歌う。最初の二節を歌うと、左手を口に入れ、それを右手で操りながら、第三節を口笛で吹く。ここは非常に有名な場面である（「こんなものじゃありませんよ」とかりに訳したくだりは、日本では「お楽しみはこれからだ」として知られている）。「トゥート、トゥート、トゥーツィ」は旅に出ようとする男が恋人との別れを惜しむ歌で、やはり『ボンボー』で歌われた。『ジャズ・シンガー』が公開された一九二七年のジョルスンは既に大スターになっていたが、この歌は彼の代表的な持ち歌のひとつだった。そして、この場面で観客は初めてジョルスンの声を――歌うだけでなく、聴衆に向って語りかける彼の声をも――聞いたのだった。

若い女が店に入って来ていた。メアリー・デイル（メイ・マカヴォイ［一八九九～一九八四］）というダンサーで、ジャックは彼女の舞台を見たことがあった。二人は意気投合する。

ニューヨークのラビノウィッツ家では、サラがユーデルソンにジャックから届いた手紙を見せる。「メアリー・デイル」という娘と知り合ったなどと書いてあるのだが、この名前だと、ユダヤ人の娘ではなさそうだと、サラは言う。現れたキャンターは事情を知って激怒する。息子から手紙が来ても開封するなと言った筈だ、私たちには息子はいないと彼は言う。

ジャックとメアリーはシカゴで再会し、喜び合う。だがメアリーに電報が届き、彼女はニューヨークへ行くことになる。その後、ジャックはローゼンブラットという高名なキャンターが出演するコンサートに出席し、父親のことを思い出し、涙ぐむ。ジョーゼフ・ローゼンブラット（一八八二～一九三三）は実在の人物で、この場面では本人が出演した。この場面もトーキーである。

次の興行地へ向うため、ジャックは駅で汽車を待ちながらメアリー宛ての手紙を書いている。そこへニューヨークのプロデューサーのハリー・リーから仕事があるという内容の電報が届き、ジャックは一座の人々と別れてニューヨークへ向うことになる。

ニューヨークへ戻ったジャックは母親と再会し、自分が歌手として成功していることを告げた後、これから出演するショーの歌と称して、母親に向って「ブルー・スカイズ」をピアノを弾きながら歌う。「ブルー・スカイズ」はアーヴィング・バーリン（一八八八～一九八九）が詞と曲を書いた歌で、『ベッツイ』（一九二六年初演）というミュージカルで用いられた。このミュージカルの歌はロレンツ・ハート（一八九五～一九四三）が詞、リチャード・ロジャーズ（一九〇二～七九）が曲を担当したものだったが、プロデューサーのフロレンツ・ジーグフェルド（一八六七～一九三二）が勝手にバーリンの歌を加えたのだった。ジョルスン演じるジャック・ロビンが出演するのは

『四月のフォリーズ』というレヴューだということになっているから、そこで歌われる歌は新作であるのが筋だろう。『ジャズ・シンガー』の製作者たちが、なぜ前年発表されたバーリンの歌をこの場面で使ったのかは分らない。あるいは、ジョルスンの意向が働いたのであろうか。

とにかくジョルスン（と言うよりジャック・ロビン）は、歌を中断し、「僕が成功したら、もっといいところで暮すことにしよう」と言って母親を喜ばせたり、母親に甘えたりする。ここは、語られる台詞が字幕ではなくて録音によって観客に伝えられる僅か二つの場面のうちのひとつなのだが、奇妙なことに母親の応答は非常に聞き取りにくい。サンフランシスコのナイトクラブでの聴衆への語りかけもそうだったが、この場面の母親への語りかけもアドリブでなされたのだった。母親役のユージェイニー・ベセラー（一八六八～一九三四）は、歯切れの悪い返事をするほかなかったのかも知れない。いずれにせよ、様子に気づいたキャンター（ワーナー・オーランド［一八七九～一九三八］）が部屋に入って来て、「やめろ」と叫ぶ。

彼と息子は言い争う。キャンターは息子に「出て行け」と言う（このやりとりは、またもや録音ではなくて字幕で伝えられる）。息子は出て行く。

ジャック・ロビンは『四月のフォリーズ』の稽古に参加するために劇場へ行く。するとメアリーがいる。実は彼女がプロデューサーのハリー・リーにジャックを推薦してくれたのだった。息子を家から追い出した後、キャンターは病気になった。ユーデルソンが劇場へやって来て、ジャックにそのことを告げる。だが、ショーの初日は明日に迫っている。一方、重病のキャンターは息子の夢を見る。

『ジャズ・シンガー』
［上］ビア・ガーデンで歌うジェイキー少年（ロバート・ゴードン）［中］母（ユージェイニー・ベセラー）のために「ブルー・スカイズ」を歌うジャック・ロビン（アル・ジョルスン）［下］ジョルスンと母

劇場では舞台稽古が行われている。楽屋では、出番が近づいたジャックが顔を黒く塗り、縮れ毛のかつらをかぶる（ブラックフェイスの手順が、短時間とはいえ、映画で公開されるのは興味深い）。ユーデルソンが今度はジャックの母と一緒にまたもや劇場へやって来るが、ジャックは教会へ行くことはできないと答える。そして舞台に立ち、「僕の母さん《マザー・オブ・マイン》、僕にはまだ母さんがいる」という歌を歌う。自分は道に外れたことをしていたが、母のもとへ帰って来たという内容の歌である。歌詞においてもブラックフェイスで歌うという手法においても、ジョルスンの有名な持ち歌「マイ・マミー」とつきすぎるのが難点だが、とにかく、これは映画全体を通じて唯一の新作の歌である。このくだりもトーキーになっている。

迷った末、結局ジャックは教会へ向う。父の病室へ入ると、父は様子に気づいて息子の顔にふれ、「わが子よ、お前を愛しているよ」とつぶやく。ジャックはキャンターを務める決意を固め、「コル・ニドレ」を歌い始める。やって来たメアリーとハリー・リーが聞き入る。昏睡状態だった父親は意識を取り戻し、息子の歌声を聞いて喜び、死ぬ。劇場では今夜の公演の中止が観客に告げられる。歌い続けるジャックの横に父親の亡霊らしいものが現れる。シナリオでは、映画はここで終ることになっていた。

だが、出来上がった映画には一種のエピローグがついていた。すなわち、まず「季節は過ぎ——時は（傷を）癒し——ショーは続く」という字幕が現れ、それに続いてジャックがニューヨークの劇場で「マイ・マミー」を歌う。客席では彼の母とユーデルソンが、そして舞台袖ではメアリーが、歌に聞き入っている。「マイ・マミー」はミュージカル『シンバッド』（一九一八年初演）でジョルスンが歌った歌だった。彼のおそらく最も有名な歌でこの映画をしめくくることによって、製作者たちは、ジャックがジャズ・シンガーとして大成功を収めたことを示したかったのであろう。

だが、それだけだろうか。この場面を見て、ジョルスンはジャックという歌手を演じているのだという事実を意識した観客がいただろうか。ここでは、演じられる役とそれを演じる俳優との区別は全く消滅している。この映画を通じて、ジョルスンは、「コル・ニドレ」を別にすれば五つの歌を歌う。そして「僕の母さん、僕にはまだ母さんがいる」以外はすべて既存の歌だ。そのうち、「ブルー・スカイズ」はジョルスンの持ち歌とは言えないが、残りの三曲はすべて彼が有名にした、つまり観客にはなじみのあるものだった。その上、録音された台詞が流されるふたつの場面で観客の耳に届くのは、事実上ジョルスンの声だけである。

ジョルスンは一八八六年生れだったから、映画が製作され公開された一九二七年には既に四十歳を越えていた。彼が演じたジャック・ロビンは、本来なら不安感にさいなまれ、自分の将来について悩んでいる若い無名歌手でなければならない。だが画面のジョルスンはお世辞にも若いとは言えない。その上、芸能界で何年も生きて来た彼は自信にみちている。観客の目と耳が享受するのは、ある人物を演じるジョルスンではなくて、あくまでもジョルスン自身――もっと正確に言うなら、自分自身を演じるジョルスンなのだ。だが、それがいけないと思う人はひとりもいなかったに違いない。かりに若い無名の俳優がジャック・ロビンを演じていたら、映画はもっとリアリティのあるものになっていたであろう。だがその映画はこれほどヒットしていたであろうか。

3

その後、『ジャズ・シンガー』は二度再映画化された。一本目は一九五二年の作品（マイケル・カーティス監督［一八八六～一九六二］）で、主役はダニー・トマス（一九一二～九一）が演じた。この人物がキャンターの息子で、最後に父に代って礼拝で歌うという設定はそのままだったが、時代に合わせて、この青年は朝鮮戦争から帰って来て芸能界に入ることになっており、また、当時の歌が用いられていた。私はこの作品を見ていない。二本目は一九八〇年の作品（リチャード・フライシャー監督［一九一六～二〇〇六］）で、ニール・ダイアモンド（一九四一～）がキャンターの息子でロック歌手になる青年を演じ、キャンターの父親はローレンス・オリヴィエ（一九〇七～八九）が演じた。この父親は死んだりせず、息子が行った選択を受け入れ、息子のコンサートに出席して彼を激励する。私は一九八〇年十二月にボストンでこの作品を見ているが、かなりひどいものだったことを覚えている。

だが私が検討したいのは、最初の『ジャズ・シンガー』に触発されて――あるいは、最初の『ジャズ・シンガー』を何らかの意味で意識しながら――作られた一篇の戯曲と四本の映画である。戯曲というのは、ジョージ・S・カウフマン（一八八九～一九六一）とモス・ハート（一九〇四～六一）の共作による『一生にただ一度』（一九三〇年初演）である。無声映画からトーキーへ移行した時期のハリウッドの混乱を扱った諷刺喜劇を書くことを思いついたのは新進劇作家のハートの方だった。彼が書いた戯曲に、既に劇壇の大御所だったカウフマンが手を入れ、かつ演出をして、この作品は上演に至った。

映画に押されて仕事がなくなったヴォードヴィル一座の残党が三人、ニューヨークで暮している。メイ・ダニエルズ、彼女の恋人のジェリー・ハイランド、そしてジョージ・ルイスという愚鈍でひとがよい青年である。ある日、映画『ジャズ・シンガー』を見たジェリーがひどく興奮して帰って来る。これで映画は変った、こうなれば、うまい話がある筈だから、皆でハリウッドへ行こうと彼は言う（時は一九二七年であることが、これで分る）。それを聞いたメイは、これからの俳優は台詞がしゃべれなければならないから、ハリウッドで発声術の学校を開くことにしようと言う。

メイの旧知で今は有名なコラムニストになっている女性が大物プロデューサーのハーマン・グローガウアーを紹介してくれたので、発声術の学校は無事に発足する。だが、成果は全くあがらず、グローガウアーは学校を閉鎖する。しかしジョージは引き下がらない。彼はハリウッドの現状を厳しく批判する。実はこの単純な人物は、せっかくハリウッドに招かれながら何の仕事も与えられないので腐っている劇作家の愚痴を聞かされたことがあり（そういう劇作家は当時たくさんいたに違いない）、彼の言葉を繰り返しているにすぎないのだが、思い当るところがあるグローガウアーは感心する。調子に乗ったジョージは、かつてグローガウアーが他ならぬヴァイタフォンの採用を斥けたという、誰もが怖くて口に出せないでいる事実を指摘する。するとグローガウアーは、この青年は自分に向って直言する勇気のある人物なのだと思いこんで、次の映画の製作総指揮を彼に委ねる。

　だが無能なジョージはシナリオを間違え、照明をつけ忘れ、自分の恋人の凡庸な女優に主役を演じさせるといったへまを犯し続けたので、出来上がった映画はわけの分らないものになる。ところが意外なことに、この作品は画期的な意欲作として批評家たちに絶賛され、ジョージは新しい天才として広く認められる。

『一生にただ一度』が述べているのは成功物語のパロディだ。ジョージは無能であるにもかかわらず成功するのではなくて、無能であるからこそ成功を収めるのである。ジョージ自身はともかく、彼の仲間のジェリーとメイが狙っていたのは、『ジャズ・シンガー』が象徴するような大成功だった。この場合、『ジャズ・シンガー』という映画は、作品に内在する価値ではなくて、それが受容された状況に基づいて評価されている。この映画は一種の社会現象として――いわば成功の祖型として――機能しているのである。そして、もしもジョージの成功がいかがわしいものであるなら、『ジャズ・シンガー』の成功もいかがわしいものになるのではないか。『一生にただ一度』の作者たちは、そういうことをほのめかそうとしているように感じられる。

　私が次に吟味したいのは、映画『ハリウッド・キャヴァルケイド』（アーヴィング・カミングズ監督〔一八八八～一九五九〕、一九三九年）である。これはマイケル・リネット・コナーズ（通称マイク）とモリー・アデアという一組の男女を中心にして、一九一三年から二七年までのハリウッドの歴史を辿ったものだ。熱心な映画青年のマイク（ドン・アメチ〔一九〇八～九三〕）は、ニューヨークで舞台に出ていたモリー（アリス・フェイ〔一九一五～九八〕）という女優を見て強い印象を受け、実際は小道具係にすぎないのに自分は映画監督だという嘘をついて、強引に彼女をハリウッドへ連れて行く。幸い彼はモリーの主演で映画を作ることを許され、成功する。この作品の前半では、パイ投げだのキーストン・コップスめいた警官たちが活躍するドタバタだのといった、無声映画の典型的な手法が再現される。モリーは実はマイクに好意を抱いているのだが、それは片思いにすぎないのだと思いこみ、映画の相手役であるニッキーという二枚目の青年と結婚してしまう。マイクはすっかり落胆し、仕事に身を入れなくなる。一九二七年、モリーとニッキーの結婚五周年を祝うパーティが催されるが、その席に現れたマイクがすさんだ生活を送っているのを知って心配したモリーは、自分の次の映画をマイクが監督できるように手配する。ところが、ある日、撮影に遅れまいとして急いでいたニッキーとモリーは事故に遭う。ニッキーは落命し、モリーも重傷を負う。途方に暮れたマイクは、ふと思い立って、近頃評判になっている『ジャズ・シンガー』を見に行く。立見席しかなかったが、それでもいいと言って彼は映画館に入る。

やがてスクリーンに映画の終り近く、歌手になったジェイキー・ラビノウィッツが父に代ってキャンターを務め、「コル・ニドレ」を歌う場面が映される。これはほんものの『ジャズ・シンガー』の場面のように見えるが、よく見るとカメラのアングルが少し違っている。実はこの場面はアル・ジョルスンが『ハリウッド・キャヴァルケイド』のために、わざわざ再現したものだった。つまり、ジョルスンは十年あまり前の自分を演じたのだ。別の言い方をするなら、彼は人々の記憶の中に残っているに違いない自分、イメージとしての自分を演じてみせたのである。映画館の観客は総立ちになって拍手する。

映画館を出たマイクは病床のモリーを訪ね、およそ次のようなことを言う――「僕は『ジャズ・シンガー』を見て、観客の反応に強い印象を受けた。あの作品の九十パーセントほどは無声映画だ。僕らが作っている映画は、既に九十パーセントほど撮影ずみだが、残りの十パーセントに音声のある場面を入れよう。ジョルスンが歌でやったことを、僕らは台詞でやるんだ。君はもともと舞台女優だったから、発声術の基礎訓練を受けている」。こうして新作は完成し、それは大ヒットとなった。この結末が、『一生にただ一度』の場合に劣らず『ジャズ・シンガー』の成功を相対化していることは、言うまでもないであろう。

私が検討したいもう一本の映画は『雨に唄えば』(一九五二年)だ。この映画も無声映画からトーキーへの移行の時期を扱っている。ただこの映画は追って詳しく吟味するつもりなので、ここでは、この映画がアーサー・フリード(一八九四~一九七三)がプロデューサーを務めた一群のMGMミュージカルのひとつであること、フリードはもとは作詞家で、作曲家のネイシオ・ハーブ・ブラウン(一八九六~一九六四)と組んで、既に言及した『ブロードウェイ・メロディー』を初めとする初期のトーキーのために歌を量産したことを指摘しておく(『雨に唄えば』にはフリードとブラウンの歌曲の集大成という側面があり、もちろん『ブロードウェイ・メロディー』で披露された歌曲も再利用されている)。要するにフリードは『雨に唄えば』が扱っている時期のハリウッドを熟知していたのだ。

『ブロードウェイ・メロディー』の主な役を演じたのは、チャールズ・キング(一八八六~一九四四)、アニータ・ペイジ(一九一〇~二〇〇八)、ベシー・ラヴ(一八九八~一九八六)などといった俳優だった。彼等はアル・ジョルスンのようなスーパースターではなかった。だが彼等が出演する『ブロードウェイ・メロディー』には『ジャズ・シンガー』には見られないリアリティがあった。

『ジャズ・シンガー』から派生した作品、『ジャズ・シンガー』を意識した作品として、どうしても無視できないのは、『ジョルスン物語』（アルフレッド・E・グリーン監督〔一八八九～一九六〇〕、一九四六年）とその続篇の『ジョルスン再び歌う』（ヘンリー・レヴィン監督〔一九〇九～八〇〕、一九四九年）という、二本のジョルスンの伝記映画である。但し伝記映画といっても、内容はジョルスンの実人生を忠実になぞったものではなく、フィクションが多く含まれている。

『ジョルスン物語』の構想が生れた頃のジョルスンは、もはや忘れられた存在になっていた。自分を主人公とする映画が作られることを彼はひどく喜び、自分で主役を演じたいと申し出た。だが、既に六十歳を越えていた彼に主役を演じさせるのは論外で、製作者たちはラリー・パークス（一九一四～七五）という若い俳優を選んだ。但し映画に現れる歌はジョルスン本人が歌い、パークスはそれに合わせて口を動かすというやり方が選ばれた。なお、映画の中に、ある劇場で舞台から客席に突き出している長い花道のような場所で、ジョルスンが「スワニー」を歌う場面があるが、ここだけは本人が演じている。パークスの演技をどうしても気に入らなかったジョルスンが自分で演じることにしたのだった。歌い手はブラックフェイスだし、おそらく意図的にそうしたのだろうと思われるが、カメラが歌い手に接近することはないので、歌い手がジョルスンであることははっきりとは分らない。

さて、キャンターの息子のエイサ・ヨールソンは歌が上手だったので、誘われてヴォードヴィルに出演するようになり、アル・ジョルスンと名乗って人気を得る。彼はミンストレル・ショーを経てブロードウェイ・ミュージカルに進出する。一方、映画『ジャズ・シンガー』に出演するために、彼はハリウッドへ招かれる。ハリウッドへ向う直前、彼はジューリー・ベンソンという歌手（イーヴリン・キーズ［一九一六〜二〇〇八］）と知り合い、結婚を申しこむが、断られる。ジューリーはフロレンツ・ジーグフェルドが製作するミュージカル『ショー・ガール』（一九二九年初演）に出演することになっていた。『ジャズ・シンガー』の仕事をしていたジョルスンは、思い立って『ショー・ガール』の初日に駆けつける。上演中に彼は立ち上がり、劇中の歌を自分も歌う。ジューリーは今度はジョルスンの求婚を受け入れる。

こういう一連の事件は、ある程度は実際の事件をなぞっている。ジューリー・ベンソンのモデルになっているのは、ジョルスンの三人目の妻だったミュージカル女優のルービー・キーラー（一九〇九〜九三）である。彼女は『ジョルスン物語』で自分の名が使われるのを拒否したので、「ジューリー・ベンソン」という仮名になったのだ（なお、ジョルスンには既に二度の結婚歴があったが、映画はそのことには言及していない）。『ショー・ガール』の公演が始まった頃、ジョルスンとキーラーは新婚だったが、ジョルスンは公演中に何度か劇場へ足を運び、妻を安心させるために客席で同じ歌を歌ったと伝えられる。

映画は、キーラーが出演した『四十二番街』（ロイド・ベイコン監督［一八八九〜一九五五］、一九三三年）を初めとするミュージカル映画や、ジョルスンとキーラーが共演した唯一の映画『踊りを始

［上］『ジョルスン物語』（1946）［下］『ジョルスン再び歌う』（1949）ともにラリー・パークス

めよ』（アーチー・メイオー監督［一八九一～一九六八］、一九三五年）のナンバーを再現するというかたちで、ジョルスンとジューリーのその後の生活を追う。しかし、ジューリーは芸能界が嫌いで、静かな田園での家庭生活に憧れていた。とうとうジョルスンは妻の願いを容れて引退する。しばらく時が経ち、ジョルスンの両親が訪ねて来る。一方ジョルスンの旧知のプロデューサーが新しい仕事の話を持って来る。しかしジョルスンは応じない。食事の後、一同はナイトクラブへ出かける。ジョルスンに気づいた店の男がショーの司会者に耳打ちする。司会者はジョルスンを紹介する。客たちはジョルスンが歌うように求める。ためらっていたジョルスンはとうとう歌い始める。家庭にいる時とは打って変って、彼は実に生き生きとしている。ジューリーは夫に引退を求めたのは自分の誤りだったことを悟って、身を引くことを決意し、先に退席する。これが『ジョルスン物語』のおよその筋である。

この映画が稀に見る興行的成功を収めたので、続篇『ジョルスン再び歌う』を製作することが決った。この映画は前作の最後の場面で始まる。ジョルスンがナイトクラブで楽しそうに歌い続けている。やがて帰宅すると、ジューリーはいない。召使が、彼女は空港へ向ったと述べる。彼は事情を理解する。やがて彼は芸能界に復帰し、新しいミュージカルに出演するが、次第にやる気がなくなる。疲れた彼は気ままな生活を送る（その間に母が病死する）。折しも第二次大戦中で、ジョルスンは海外のアメリカ兵を慰問する仕事に精を出すが、疲れ果てて倒れ、帰国して入院する。そこでエレンという看護師（バーバラ・ヘイル［一九二二～二〇一七］）と知り合い、結婚する。この事件の描写は必ずしも正確ではない（ジョルスンが四度目の結婚をしたのは事実だが、相手の名はエレンではなく、彼女の仕事も看護師ではなかった)。エレンはジューリーと違って夫を積極的に活動させようと努める女だった。ある時、彼女のすすめでジョルスンはハリウッドの慈善興行に出演する。それを見た旧知のプロデューサーがジョルスンの伝記映画を作る話をもちこむ。

ここから、『ジョルスン再び歌う』は『ジョルスン物語』の企画から公開までを辿る。『ジョルスン物語』そのものの一部も何度も現れる。そして『ジョルスン再び歌う』は、『ジョルスン物語』の大ヒットとそれに続くジョルスンの完全復活で終る(彼は若い観客の間でも人気者になり、新しいラジオ番組をもつようになる)。

だが、こういう物語とは別に、『ジョルスン再び歌う』には、どうしても忘れることができない場面が含まれている。そこで、製作者たちは楽屋落ちと呼ぶのがふさわしい、ある遊びを披露しているのである。ジョルスンは自分が歌を歌い、別の俳優がそれに合わせて演技するという手法を受け入れる。彼はスタジオへ出かけ、歌を録音する。そしてラッシュ(未編集の撮影フィルム)を見ると、知らない俳優が歌を歌う芝居をしている(もちろんここで示されるのは映画『ジョルスン物語』の一部である)。「あれは一体何者なんだ」とジョルスンは聞く。「ラリー・パークスという若い俳優だ」とプロデューサーは答え、二人を引き合わせる。二人は握手する。ジョルスンを演じている方のラリー・パークスは髪に白いものがまじっている。他方、本物のラリー・パークス、建前上は素顔のラリー・パークスは若々しい。しかし、二人は同一人物なのだから、同じ顔をしている。

フィクションなら、それが事実に忠実であるかどうかをしつこく問題にするひとはいないだろう。だが、伝記映画の前提には事実がある。ある人物の事実は過去に属している。それを再現することはできるが、再現された事実は事実の記号であって事実そのものではない。それはいわばまがいものなのだ。二人のラリー・パークスが握手する場面は、この残酷な真実を有無を言わさぬかたちで示している。そして、観客が本当に見たがっているのも、実際にそうであった現実ではなくて、こうあってほしいと願う現実、現実のイメージなのだ。製作者たちはそのことを十分に承知していたに違いない。

第二章　ミュージカル映画の自己投影性——バズビー・バークリー

1

アル・ジョルスンの三人目の妻となり、『四十二番街』を初めとする一九三〇年代のミュージカル映画に出演したルービー・キーラーの名は既に挙げた。これらの映画の振付を担当したのはバズビー・バークリー（一八九五～一九七六）だった。彼は舞台俳優として仕事をした後、ハリウッドへ移って、映画の中のダンスの振付を担当するようになった。

私はキーラーの舞台を観たことがある。一九七一年のことである。彼女が出演していたのはミュージカル『ノー・ノー・ナネット』（一九二五年初演）のリヴァイヴァル公演だった。そしてこの公演には、実際はほとんど何もしなかったが、スタッフの一員としてバークリーも名を連ねていた。彼は振付家として、更に映画監督として、ハリウッドで長い間活動したのだが、一九五〇年代に、彼の仕事は事実上終っていた。他方キーラーは、『四十二番街』以後も数本の映画に出たが、一九四一年に芸能界から引退してしまった。その年に、独身に戻っていた彼女は不動産業を営む男性と再婚し、子や孫に恵まれて平穏な家庭生活を送った。これこそ彼女が望んでいたことで、俳優という仕事には何の未練もなかった。

つまり、『ノー・ノー・ナネット』のリヴァイヴァルが計画されていた時には、キーラーもバークリーも既に〝過去の人〟になってしまっていたのである。それなら、プロデューサーはそういう人たちになぜ声をかけたのだろうか。それはバークリーが振付けたダンスは独自のスタイルをもっており、彼の振付で踊るキーラーも観客に強烈な印象を与えたからだ。二人が関わる映画は観客の記憶に長く残った。つまり、二人は文化的なアイコンとなっていたのであり、二人をそういう存在として受け取る人がまだ大勢いたのである。

ではキーラーは豊かな演技力をそなえた女優だったのかというと、決してそうではなかった。彼女自身も、そのことをよく心得ていたに違いない。大きな目の美人だったが、表情に乏しく、台詞も一本調子だった。歌手ではあったが、悪声だった。厳しい言い方をするなら、彼女の取柄は機械のように正確なタップダンスだけだった。もちろん、これだけでも大したものだが、たとえばエリナー・パウエル（一九一二～八二）のような名手と比べると、見劣りがする。『踊るニュウ・ヨーク』（原題は『一九四〇年のブロードウェイ・メロディ』、ノーマン・タウログ監督［一八九九～一九八二］、一九四〇年）で、パウエルはフレッド・アステア（一八九九～一九八七）と組んでコール・ポーター（一八九一～一九六四）の「ビギン・ザ・ビギン」に合わせて踊ったが、二人はタップダンスのリズムや音量を微妙に変化させている。身体全体の動きも細かく変化する。まるで二人はタップダンスで対話しているように感じられる。こういうものと比べると、キーラーのタップはやはり表情に乏しいのである。そうした単純さは純粋さでもあり、彼女がアイコンとして受け入れられるに際してむしろ有利な条件となったのではないかという気がする。

彼女の相手役を主としてディック・パウエル（一九〇四～六三）が務めたことにも問題があった。ディック・パウエルは声量豊かなテナーで、それはよかったのだが、童顔で、男性的な二枚目ではなかった。二人は成熟した恋人同士には見えないのだ。このことは、やはり三〇年代のミュージカル映画で主役を演じたアステアとジンジャー・ロジャーズ（一九一一～九五）という組合せと比べたら、よく分るであろう。アステアとロジャーズも典型的な美男美女ではないが、歌も踊りも達者である。ことにアステアは天才的な踊り手で、声量は豊かではないが、歌詞の意味を的確に伝える能力にかけては一流の歌手でもある。アステアとロジャーズが演じる恋人は人生をある程度知っている大人に見えるが、パウエルとキーラーは世間知らずに感じられるのだ（ロジャーズはキーラーよりも若かったが、キーラーよりも大人らしく見えた）。

要するに、俳優としてのパウエルとキーラーの存在感の乏しさは、バークリーの、よく考えたらやはり甚だ単純な振付と、うまく見合っていたのである。

2

キーラーが映画デビューを果した『四十二番街』は、ブラッドフォード・ロープス（一九〇五

〜六六）の同名の小説（一九三二年）を原作としている。小説は芸能界の醜悪な人間関係を描いているが、映画ではそういう味は薄められている。シナリオを書いたのはライアン・ジェイムズ（一八九九〜一九五三）とジェイムズ・シーモア（一八九五〜一九七六）、シーモアは『ゴールド・ディガース』『フットライト・パレード』（ともに一九三三年）のシナリオの執筆にも参加する。監督はロイド・ベイコン、歌の詞はアル・デュービン（一八九一〜一九四五）、曲はハリー・ウォレン（一八九三〜一九八一）が書いた。だが、この作品のいちばん重要なスタッフは振付を担当したバズビー・バークリーであろう。彼は振付家を名乗ってはいたが、本格的に振付やダンスを勉強したことはなかった。私はこの章を書くためにロッコ・フメントー（一九二三〜二〇二四）という学者が編纂した『四十二番街』のシナリオを手元においているのだが、フメントーは、バークリーが作り出したのはダンスではなくて動き（ムーヴメント）であったと述べている。この言葉の意味は、バークリーの仕事を具体的に分析したら理解できるであろう。

『四十二番街』の物語は、ジョーンズとバリーという二人のプロデューサーが『可愛い淑女』という新作ミュージカルの上演を計画するところから始まる。稽古は順調に進んだが、初日を目前にして主演女優のドロシー・ブロック（ビービー・ダニエルズ［一九〇一〜七一］）が怪我をして舞台に立てなくなった。演出家は、思い切ってペギー・ソーヤー（ルービー・キーラー）といううぶな田舎娘のダンサーを代役に起用する。結果は大成功で、ペギーはたちまちスターになる。彼女が若手の二枚目のビリー・ローラー（ディック・パウエル）と結ばれることが暗示されて、映画は終る。

もちろん、これはうますぎる話の典型である。実は『可愛い淑女』の上演資金はアブナー・デ

『四十二番街』(1933)［上］ルービー・キーラーとディック・パウエル［下］「四十二番街」ルービー・キーラー

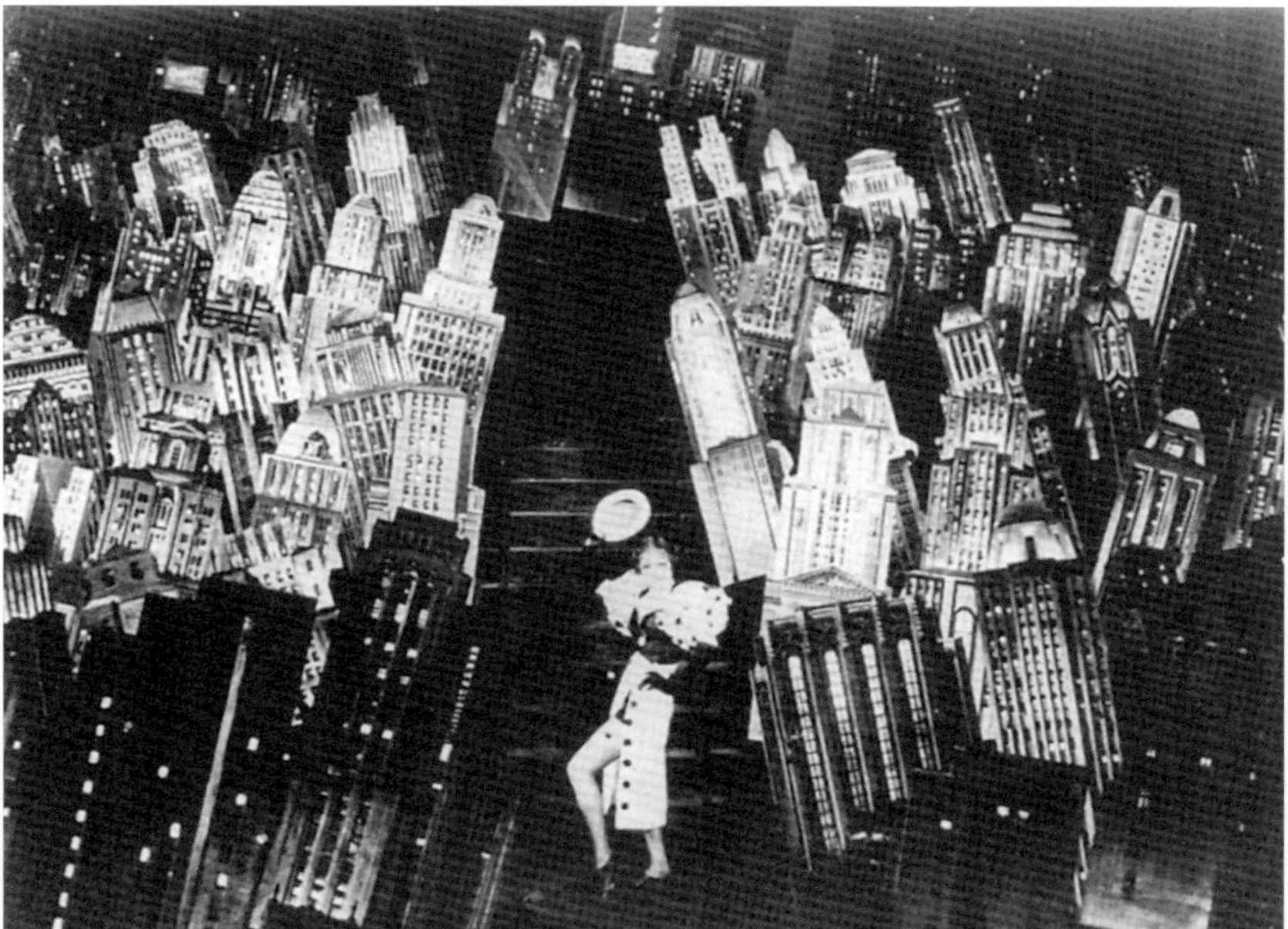

ィロン（ガイ・キビー［一八八二〜一九五六］）という男から出ており、彼は自分の愛人のドロシーに主役を演じさせるつもりだった。それが不可能になったので、アブナーはアン（ジンジャー・ロジャーズ）という女優を推薦する。この女優は「エニータイム・アニー」という綽名《あだな》の持主である（「いつでもどうぞのアニー」とでも訳せばいいのだろうか）。ある男に言わせると、彼女が問いに対して「ノー」と答えたことはこれまでに一度しかないが、それは問いが聞こえなかったからだという。つまり彼女は相当にすれっからしの女優なのである。ところが彼女は、自分には主役は荷が重すぎると言ってペギーを推薦する。なぜ彼女は急に謙虚になり、自分がつかみかけた幸運をペギーに譲るのだろう。それに、ペギーが大スターになる可能性を秘めていることは、これまでのところ全く示されてはいなかった。別の言い方をするなら、ペギーという役はスター性と無名性という相反するものの両方をそなえていなければならないのだ。そういうわけで、人々は、『四十二番街』の結末は必ずしも真面目に受け取らなくてもいいのではないか、それは一種の冗談なのであり、万事承知で真面目に受け取るふりをすればいいのではないか、と考えて来た。犀《さい》利《り》な発言で知られた批評家のスーザン・ソンタグ（一九三三〜二〇〇四）は、あるものを「つまらないけれどもいい」ではなくて「つまらないからいい」とする感覚を〝キャンプ〟という言葉で呼んだが、キーラーの演技はキャンプの典型なのだということになる（ちなみにソンタグはバズビー・バークリーの映画もキャンプの例として挙げている）。

『四十二番街』はあるミュージカルが作られる過程そのものをミュージカルに仕立てた作品――いわゆるバックステージもの――の好例であり、極めて顕著な自己投影性をそなえているが、たとえば同じく自己投影的なミュージカル映画である『雨に唄えば』のような後年の作品と比べると、まだ素朴なものだと言わざるをえない。登場人物たちの日常生活に歌や踊りが現れることは一度もない。人物たちが歌や踊りを稽古する場面はいくつかあり、彼等が稽古する歌や踊りは『可愛い淑女』に含まれているという想定になっている。それらの中では、ドロシーが男性ダンサーたちと一緒に「あなたは私には癖になる」というナンバーを稽古する場面がやや長いが、もちろん出演者たちが本格的な舞台衣装を身に着けているわけではない。本格的なミュージカル・ナンバーは映画の最後に現れる三つのナンバーだけなのである。

まず演出家が、これから初日の舞台に出ようとしているペギーを強い言葉で督励《とくれい》する。登場したペギーが演じるのは新婚旅行に出かける花嫁で、花婿役の俳優と一緒に「汽車でバファローへ」を歌い踊る。バファローはニューヨーク州の北西にある町で、ナイアガラの滝に近い。新婚夫婦はこの汽車でバファローへ向うのである。幸福そうな二人が車内の通路でひとしきり歌ったり踊ったりすると、車両が中央からふたつに分れる。夫と妻は離ればなれになる――と見えたその時、車両は左右に大きく開き、それまでは見えなかった部分、カーテンのついた上下二層の客室が見えるようになる。新婚の夫婦は自分たちの客室へ向う。その途中に方々の客室にいる人たちが「汽車でバファローへ」の一節を歌うのだが、ある客室にアンとロレイン（ユーナ・マーケル［一九〇三～八六］）という二人のすれっからし女優がいる。二人は「一年も経ったら、彼女は慰謝料がほしくなるだろう。夫が金をもっている間に、それをせしめるだろう」と歌う。つまり二人は幸せな新婚夫婦に水を差すようなことを、人生の先輩として（もちろん同じメロディで）歌うのである。ちなみに、この場面のアンはリンゴを、ロレインはバナナを食べている。シナリオを編纂したロッコ・フメントーは、「フロイトはこの場面で大喜びしたかも知れない」と述べている。野暮を承知で言うと、バナナもリンゴも性的な連想を伴う果物である。

この場面でのバークリーの工夫は、車両が左右に開いて客室が出現するという手法だけで、それ以外には特に斬新なところはない。だが、「若くて健康」という第二のナンバーで彼は本領を発揮した。まずビリー・ローラーが舞台に登場し、客席に向って少し歌った後、ベンチにかけた若い女に求愛する歌を歌う。「僕は若くて健康だ。そして君には魅力がある。この腕で君を抱かないのは罪だ」というわけだ。彼がひとしきり歌うとベンチは舞台下へ降下し（せりがあるのだろう）、二人は大きな盆の上にいる。その周囲に更に大きな盆があり、男性ダンサーたちがそれに乗って中央の盆の縁に両手をかける。ふたつの盆は逆の方向へ回転する。女性ダンサーたちが登場し、盆は三層になる。カメラが俯瞰で舞台を捉えると、三つの盆の回転に応じてダンサーたちが表示する複雑な模様がたえず変化する様子が見て取れる（理屈を言うなら、この趣向は劇場の観客には見えにくい筈だ）。最後に女性ダンサーたちの両脚がアーチ状になり、アーチの向うからビリーと彼に求愛された若い女性とがほほ笑んでいるのが見える。

バークリーは、ダンサーをいわば部品として利用するこういうナンバーを自分が関わった映画で何度も何度も見せたが、この場合に重要なのは個々のダンサーの個性ではない。事実バークリーは同じような体形と顔つきのダンサーを揃えている。ダンサーが自らの身体の動きによって身体表現の可能性を探ることもない。たとえばフレッド・アステアのダンスにおいては、この天才

『四十二番街』［上］「汽車でバファローへ」［下］「若くて健康」

の身体全体が原則として常に見えている。これが通常のダンスのあり方であろう。アステアなら、おそらくバークリー流のダンスは拒否したであろう。バークリーが作るダンスの場合（フメントーはそれをムーヴメントと呼んだのである）、ダンサーは自分の身体を使ってある模様を表示すること——つまり全体に奉仕すること——だけを求められるのであり、それ以外の動きはかえって邪魔になるのだ。

映画を結ぶ第三のナンバーは、キーラーを中心とする「四十二番街」である。キーラーが登場し、観客に向って「四十二番街」を歌う。猥雑だが活気のあるニューヨークの盛り場の讃歌である。歌い終えるとキーラーは長いスカートを外し、長く伸びた脚でタップを踏み始める。最後に、彼女は実はタクシーの上で踊っていたことが判明する。それから、盛り場の人々の生態が披露される。やがて舞台にある建物の一室で、怪しげな男が女を襲う。女は窓から逃れ、地上にいた男と一緒にちょっと踊る。彼女を追って怪しげな男が再び現れ、彼女を刺殺する。建物の別の一室からビリーがそれを見ていた。彼は何事もなかったかのように「四十二番街」を歌い納める。この映画のダンス場面はすべてバークリーに任されていたそうだが、彼は殺人が簡単に起りうる世界としてニューヨークの盛り場を描こうとしたのだろう。

同じ服装の女性ダンサーが大勢登場し、踊り始める。ダンサーたちは木の板のようなものを身体の前に捧げもって階段を上り始める（観客には最初はダンサーたちの背中しか見えていない）。階段を埋め尽くしたダンサーたちが正面に向き直ると、彼女らがもっていたのは建物の模型だったことが分る。ダンサーたちはマンハッタンのスカイラインを表示しているのである。建物の模型をゆらしながら、ダンサーたちは踊る。最後にビリーとペギーが最上段の中央に顔を見せ、微笑する（本場面の写真図版は三九頁）。
ペギーは主役だから、〝その他大勢〟の一員として踊ることは原則としてない。しかし、彼女もまた個性のある存在ではない。この人物は単なる類型なのだ。バークリーが力を入れたのは、明らかにソロのダンスよりも群舞だったが、もちろんこの場合、ダンサーの個性は邪魔物でしかなかった。建物の模型をもってマンハッタンのスカイラインを形作る時、ダンサー自身の身体などはどうでもいい。彼女らは別の物体を表示することを求められているのである。つまり、人体と物体との間の互換性が求められるのだ。

『四十二番街』が公開された一九三三年、バズビー・バークリーは『ゴールド・ディガース』（原題は『一九三三年のゴールド・ディガース』）と『フットライト・パレード』という二本のミュージカル映画の振付を担当した。前者は一九一九年に上演されたエイヴァリー・ホップウッド（一八八二～一九二八）という劇作家の『ゴールド・ディガーズ』という戯曲を原作としている。「ゴールド・ディガー」とは、直訳すれば「黄金採掘者」だが、ここでは、金持の男をものにしようとしている女といった意味になる（「ひと山当てたい女」とでも訳したらいいだろうか）。映画のシナリオを書いたのはアーウィン・ゲルジー（一九〇〇～八八）とジェイムズ・シーモア、監督はマーヴィン・ルロイ（一九〇〇～八七）、『四十二番街』の場合と同じく、歌の詞はアル・デュービン、曲はハリー・ウォレンが書いた。

ニューヨークのアパートで、キャロル（ジョーン・ブロンデル［一九〇六～七九］）、トリクシー（アリーン・マクマホン［一八九九～一九九一］）、ポリー（ルービー・キーラー）という三人のコーラス・ガールが暮している。三人は失業中なのだが、別のコーラス・ガールのフェイ（ジンジャー・ロジャーズ）が、プロデューサーのバーニーが新作の上演を計画しているという話をもって来る。このアパートからは隣のアパートの部屋がよく見えるのだが、そこではブラッド・ロバーツ（ディック・パウエル）という青年がピアノを弾きながら歌を作ろうとしている。ブラッドとポリーは互いに好意を抱き合っているようだ。現れたバーニーはブラッドのピアノを聞きつけて関心をもち、彼をアパートへ来させる。ブラッドは自作の歌を披露するが、それが大いに気に入ったバーニーは、今度の仕事のために歌を提供してくれと言う（「ウォレンとデュービンとの契約は解消しよう」ともバーニーは言う。いささか見え透いた楽屋落ちである）。上演資金が問題なのだが、ブラッドはそれを提供しようと言う。

稽古が進むが、初日の直前に、出演予定だった男優が腰痛のせいで舞台に立てなくなる。バーニーは美声のブラッドに代役を演じるように求める。ブラッドはためらった末、代役を引き受ける。実は彼は本名をロバート・トリート・ブラッドフォードというボストンの大金持の息子で、芸能界とつき合いがあることが家族に知られるのを恐れていたのだ。新聞記事で彼の秘密が暴かれたので、彼の兄のJ・ロレンス・ブラッドフォードとブラッドフォード家の顧問弁護士のピーボディがニューヨークへやって来る。そしてポリーに手切金を渡し、ロバートのことをあきらめさせようとする。ところがピーボディがトリクシーと意気投合する。J・ロレンスはキャロルと意気投合する（実は男の方では、この女が弟の恋人のポリーだと信じているのだが、それは思い違いだった。キャロルの方でも自分がポリーではないことを明かさない）。結局すべての事情は明らかになり、ロバートとポリーを含む三組の男女の結婚が実現する。貧しいコーラス・ガールたちは揃って金持の夫を手に入れたのである。『四十二番街』の場合、ルービー・キーラーに負担がかかりすぎていたが、新作では、芸達者なジンジャー・ロジャーズの役がふくらまされていたり、やはり芸達者なジョーン・ブロンデルが出演したりしているので、安心して見ていられる。

ただ今回も物語自体がかなり不自然なものであることは否定できない。ロバートは最初は身分を隠しているのだが、物語を進めるための大前提としては、この設定は弱すぎる。それにロバートは、最初はひどくためらっていたのに、プロデューサーの懇願を簡単に聞き入れてしまうのだから、この設定が十分に活用されているとも言えない。その上、この人物を演じるディック・パウエルは美声の二枚目ではあるが、ダンスが全くできない。野暮を承知で言うが、この人物をフレッド・アステアかジーン・ケリー（一九一二〜九六）が演じていたら、自分が経験している葛藤や心の動きをダンスで表現したに違いない。そうすれば芝居が立体的になる。歌や踊りは物語を前進させる機能をもち、物語と有機的につながるのである。

『ゴールド・ディガース』には大がかりなナンバーが四つ現れる。映画は「私たちは金持」というナンバーで始まる。大きな硬貨を何枚も縫いつけた（つまり、かなり悪趣味な）衣装を身に着けた女性ダンサーが大勢登場し、「私たちは全く金に困ってはいない。不況なんか知らない」といった詞を歌う。もちろん、これは負け惜しみというか開き直りで、不況に悩む当時の観客をからかっているのである。このナンバーにはルービー・キーラーやジョーン・ブロンデルも出演しているが、中心になるのはジンジャー・ロジャーズだ。彼女は歌を主導し、途中からラテン語まがいの出鱈目な詞を歌う。

そして、映画はジョーン・ブロンデルが中心になる「私の忘れられた男」というナンバーで結ばれる。ブロンデルが演じる女はどうやら金に困って街娼になったらしい。「私には恋人がいたが、戦争に駆り出された。そして人々に忘れられてしまった」と彼女は歌う。第一次大戦で戦った兵士の中には、戦争が終ると失業者になってしまった人が大勢いたという、当時の現実を踏まえた歌である。この歌は最初は映画の途中で歌われる筈だったが、結局、結びに使われた。最初は、結びでは大勢の出演者が「私たちは金持」を歌うことになっていたが、この案は捨てられた。従って、暗い内容の歌で映画が終ることになり、やや唐突な感じがしないでもない。ナンバーの途中で、バークリーは舞台奥に三層のアーチのような橋を組み、そこを兵士たちが行進するようにした（観客が見るのは兵士たちのシルエットである）。そして、本舞台には平服の俳優が何人も登場するが、彼等は現在の困っている男たち、つまり「忘れられた男」なのであった。「私たちは金持」で映画を始め、この歌で映画を結ぶことによって、作者たちは、この映画は社会的関心に裏づけられていること、決して現実逃避的なものではないことを、主張したかったのであろう。

残る二つのナンバー、すなわち「公園でペッティング」と「影のワルツ」は、どちらもディック・パウエルとルービー・キーラーが中心になるもので、視覚的効果についてのバークリーの意

『ゴールド・ディガース』（1933）［上］「私たちは金持」［下］「私の忘れられた男」

識が鮮明に認められる。前者はパウエルとキーラーが演じる恋人たちのちょっとした歌で始まり、それから、公園で睦まじく時を過ごしているさまざまの年齢の二人連れが示される。やがて、急に季節が変って冬になり、雪が降る。ダンサーたちが雪の塊を頭上にかざして踊る（実際にはほんものの雪ではなく、円《まる》い風船が用いられた）。それを上方のカメラで捉えると、ダンサーが作る模様がさまざまに変化するのが見える。もちろんこれはバークリーが繰り返し用いた手法である。またもや季節が変り、雷鳴に続いてにわか雨が降る。恋人と一緒にいた女性たちは近くの建物に逃げこみ、濡れた着衣を脱ぐ。着替えの様子は建物の手前側にある半透明のカーテンを通して、シルエットで示される（つまり、ここはかなり思わせぶりな場面である）。

いちばん印象的だと私が感じるナンバーは「影のワルツ」である。白いタキシードを着たパウエルがキーラーに向って歌いかける。「影に包まれて私はあなたに向って歌いたい」といった詞で、それから起ることは現実ではなくて恋人たちが見る夢であるのかも知れない。キーラーを初めとする女性ダンサーたちは金髪のかつらをかぶり、三層のスカートが円く広がる白い服を着ている。全員がヴァイオリンを演奏する。ヴァイオリンにはネオンが仕込んであり、舞台の照明が消えると、ネオンがついてヴァイオリンの外縁と弓とが闇の中に浮かび上がる。舞台には傾斜した巨大な回廊があり、ダンサーたちはその上を移動する。キーラーを中心にしてダンサーたちが彼女を囲むショットが示されることもあれば、ダンサーの姿は見えず、ヴァイオリンが移動する様子だけが見えることもある。いくつものヴァイオリンがつながって、ひとつの巨大なヴァイオリンを形づくり、それに巨大な弓が交わるというショットになることもある。ダンサーたちと床

『ゴールド・ディガース』「影のワルツ」

に映る彼女たちの影との両方が同時に画面に現れることもある。通常のやり方で撮影したら、床は画面下方に水平に現れるだろう。ところがバークリーはカメラを横向きにしてこの場面を撮影した。だから床は画面中央に垂直の線となって現れ、この線の右側にはダンスそのものが、左側にはその反映が現れる。観客は、まるで空中に浮遊するダンサーたちが垂直方向に踊っているかのような、奇妙な印象を受ける。この場合に限らないが、バークリーはダンサーたちの動きそのものよりも、むしろそれをカメラでどう捉えるかを重視したようだ。彼の仕事の面白さは、もっぱらカメラの操作に工夫を凝らした点にこもっていたと言うべきかも知れない。

こういう画面を見るとわくわくすることを正直に認めた上で、私は、何となく虚しい気分になると言わざるをえない。それはおそらく、バークリーが創作するダンスでは、人間が生命体ではなくて一種の機械のように扱われていることがあるからだろうと思う。こういう印象は、やはり一九三三年に公開された『フットライト・パレード』の華麗なナンバーの数々を見ると一層強まるのだ。

『フットライト・パレード』の監督は『四十二番街』と同じロイド・ベイコン、シナリオはマニュエル・セフ（一八九五〜一九六九）とジェイムズ・シーモアが書いた。歌はこれまで通りアル・デュービン（詞）とハリー・ウォレン（曲）が書いたが、アーヴィング・カハル（［一九〇三〜四二］、詞）とサミー・フェイン（［一九〇二〜八九］、曲）という、当時はまだ無名だった人物も参加した。映画で使われた五曲のうち、「ハニムーン・ホテル」と「上海リル」はデュービンとウォレン、る。

「ああ、月が出ている」「裏庭の垣根に腰掛けて」「滝のそばで」はカハルとフェインの作品である。

主役を演じたのはジェイムズ・キャグニー（一八九九〜一九八六）だった。彼はヴォードヴィルの出身だったから歌も踊りも達者で、稽古の場面でちょっとした振りを示してみせるほか、「上海リル」のシークウェンスで存分に技量を発揮する。彼がジョージ・M・コーハン（一八七八〜一九四二）という実在の多芸多才な演劇人を演じた『ヤンキー・ドゥードル・ダンディ』（一九四二年）というミュージカル映画があったが、この作品でもキャグニーの歌と踊りを堪能することができる。

『フットライト・パレード』でキャグニーが演じるチェスター・ケントは、経験豊富なブロードウェイ・ミュージカルの演出家だが、トーキーの出現のせいで仕事がなくなった。彼の妻は離婚を求めている。ケントは映画館で上演するための「プロローグ」の制作に力を注ぐことを思いつく。「プロローグ」とは映画の上映に先立って演じられる短いショーのことで、しかも、同じものを全国の映画館で上演したら、もうかるだろうというのである（日本の映画館でも、映画以外に「実演」と称するだしものを見せることが昔はあった）。ケントの有能な秘書ナン（ジョーン・ブロンデル）は彼が好きだが、男の方では彼女の気持に気づいていない。

つまり、この映画の主人公は仕事と家庭の両方について悩みを抱えているのであり、その意味で、『ゴールド・ディガース』や『四十二番街』の主役たちとは異なる大人の男になっている。

また、事務所の共同経営者の妻が、歌手で自分の甥のスコティ（ディック・パウエル）に強引に仕事を与えるとか、この事務所にはダンサーとして成功しなかったので、今は事務員として働いているベア（ルービー・キーラー）という眼鏡をかけた色気のない女がいるとかといった、いくらかリアリティのありそうな設定も採り入れられている。なお、ベアはもう一度ダンサーとしてやり直す決意を固め、眼鏡を外し、髪型や服装を変えて美人になる。そしてスコティと意気投合する。

本作も物語全体に無理があることは変らない。映画館をいくつも経営している男が、プロローグについてのケントの計画に注目し、もしも面白いプロローグが作られたら、それを自分の映画館で上演しようと言う。但し、同じ夜に三種類のプロローグを上演せねばならない。しかも、彼が指定した日までは三日しかない。ケントは出演者やスタッフを稽古場に閉じこめ、稽古を進める。もちろん彼の仕事は大成功を収める。そして彼は妻と離婚し、秘書のナンと結婚する（もしもこういうめでたい結末にならなかったら、観客はだまされたような思いになったであろう）。

彼が制作したという想定の三本のプロローグは、映画の終りの三十分ほどに相次いで披露される。こんな風に見せ場が最後に集中しているのは、明らかにこの映画の構成上の難点である。それに先立つナンバー（とも言えないほどのナンバー）のひとつは、「ああ、月が出ている」だ。この平凡なラヴ・ソングはオーディションの課題曲として使われており、歌手として採用されたスコティが合格者とデュエットしたりする。もうひとつは「裏庭の垣根に腰掛けて」で、ダンサーに復帰したベアを中心とする女性ダンサーたちが猫の着ぐるみ（顔は見える）を着て踊る。何となく思わせぶりな振りがついているが、中途半端なナンバーだ。

さて、第一のプロローグは「ハニムーン・ホテル」である。新婚の夫婦を演じるスコティとベアが歌い、これからハニムーン・ホテルへ行こうと言う（何人もの批評家が指摘している通り、『四十二番街』の「汽車でバファローへ」の続きのようなナンバーだ）。ホテルのフロントの男、ポーター、電話交換手、ルームサーヴィスの給仕、私立探偵など、ホテルの使用人たちが揃って訳知り顔で歌う（「どういうわけか、このホテルの泊り客は揃ってスミスという名だ」といった歌詞が現れる）。やがてスコティとベアがやって来て、チェックインする。スコティがフロントの男に何かをささやくと、男はある部屋を指す。ドアには「治安判事」と記してある。治安判事の前でスコティとベアが手を挙げて宣誓するシルエットが見える。どうやらこの男女はまだ正式に結婚してはいなかったらしい。そういう男女のためにホテル側では治安判事を常駐させているのだろう。すると、このホテルは何ほどかいかがわしい場所であるらしい。スコティとベアが自分たちの部屋へ入ると、どういうわけかベアの家族が揃って二人を待ち受けていた。

新婚の男たちは着替えのために廊下の向うへ行く。やがてバスローブ姿になったスコティが戻って来て、部屋を間違える。ベアは怒るが、間もなく仲直りする。要するにこのナンバーは初夜を迎えようとしている大勢の男女をめぐる混乱を軽快な歌と踊りによって展開させる寝室喜劇風のもので、バークリーはそれほど独創的なことをやっているわけではない。

第二のプロローグの「滝のそばで」は、視覚的には最も強い印象を与えるナンバーだ。場面は森の中の泉らしいところで、近くには滝もあるらしい。水辺の草地にはたくさんの細い流れがあって、泉に流れこんでいる。草地には、やはり水が流れるすべり台がいくつもある。ディック・

パウエルが草地で歌う。「滝のそばで私はあなたに歌いかける」といった単純な詞に、これまた単純な——しかし、耳について離れない——曲がついている。パウエルの呼びかけに応じてルービー・キーラーが木陰から姿を現し、和して歌う。間もなくパウエルは眠りこんでしまう。

水中のダンサーたちに誘われて、キーラーは泉に飛びこむ。そしてダンサーたちはさまざまの模様を織りなす。この場面の撮影のためには、側壁と底とに窓がある、特設のプールが用意された。窓は撮影と照明のためのものだった。つまり、窓を通して水中ないし水面下のダンサーの動きを撮影し、また、窓から光を送ることができた。水面の上方から光を送るのと違って、水の動きは不思議な輝きを帯びることになる。やがてダンサーたちは何重もの輪になる。そのままの姿勢で彼女らは回転する。カメラはそれを俯瞰で捉える。ダンサーたちは回転する巨大な台の上に横たわっているように見えるかも知れないが、実はそうではない。一人一人のダンサーは、別のダンサーによって抱えられており、こちらのダンサーが、いわば輪の周囲を辿りながら横へ移動するのである（つまりバークリーは、こんな風に映像の仕掛けを露呈させることがあり、その結果、彼が作る映像は単に観客を陶酔させるだけのものではなくなっている。そこが面白い）。この場面に限らないが、水の抵抗があるから、水中での移動が非常に難しいことは誰でも分る。しかし、ダンサーたちの動きは一瞬も乱れることがない。

ダンサーたちは全身を水に浸した姿勢で互いにつながる。あるダンサーの足先に後方のダンサーの手があることになる。これを上方から見ると、巨大な蛇のように見える。蛇はうねりながら移動する（ダンサーたちはバークリーの指示に従って泳ぐのである）。次にカメラは泉から——

『フットライト・パレード』（1933）「滝のそばで」

つまりプールから——やや離れた場所にある噴水を捉える。噴水はいくつもの層からなる塔のようなものに囲まれており、それぞれの層には何人ものダンサーが張りついている。最後に泉を出たキーラーが、草地で眠っているパウエルの傍へ戻り、彼を起こす。全体はパウエルの夢だったということになるのだろう。

ミュージカル映画におけるダンスの振付家としてのバークリーの独自性は、踊り手だけでなく踊りがどんな環境で行われるかにも注意したことと、正面や横といったいわば常識的な角度ではない、思いがけない角度から踊りを捉えたら、それがどう見えるかを意識したことにあると言えるだろう。もちろんどんな振付家も意識する点ではあるのだが、バークリーほど執拗にこのことに拘泥した人は、少なくとも彼以前にはいなかった。

第三のプロローグは「上海リル」である。「滝のそばで」を演じ終えたダンサーやスタッフが次の映画館へ駆けつけると、主役の水兵ビルを演じることになっていた俳優は、不安を抑えるために酒を飲み、酔ってしまっていた。キャグニーが演じるケントは彼を無理に舞台に出そうとするが、もみ合った末、二人は階段から舞台に転落する。画面は転落した男の片手を示している。間もなくその手が動き、音楽の演奏が始まる。いくつかのショットの後、映画の観客はそれがキャグニーの手であったことを初めて知る。ケントは酔った俳優に代って自分が水兵を演じることにしたのだ。

場所はどうやら上海の売春宿らしい。ビルは上海リルというなじみの女を探し求めるが、彼女はどこにもいない。彼は隣接した阿片窟へ移る。そして居合わせた男と喧嘩になる。大勢の男が

『フットライト・パレード』「上海リル」ジェイムズ・キャグニー、ルービー・キーラー

巻きこまれた喧嘩の後、ビルは水兵の服装で現れる（ケントは初日に立会う演出家なのだから、ここまでは正装していた）。とうとう彼は上海リル（ルービー・キーラー）に再会した。二人はバーのカウンターでタップダンスを踊る。

水兵たちに再乗船を命じるラッパが鳴り、兵士たちは行進を始める。リルは同行しようとするが、兵士たちに断られる。だが間もなく、水兵に変装したリルが一緒に行進しているのが見える。それに続いて、水兵たちがもっている板が裏返ると巨大な星条旗になるという手法――『四十二番街』の最後に、ダンサーたちが捧げもっている板が裏返るとマンハッタンのスカイラインになるという場面を思い出させる手法――を、バークリーは使ってはいるが、このナンバーにおいて彼が重視したのは、奇想にみちたダンスやカメラの使い方よりも、陳腐な物語を対象化することであったと思われる。アメリカ人の下級水兵と中国人の娼婦とのロマンスを上海という場所で展開させる。もちろん、この上海は現実の上海ではなくて、当時のアメリカ人の観客が抱いていた上海のイメージをなぞるものであった。この場面を構想したバークリーは、『ゴールド・ディガース』を「私の忘れられた男」で結んだのと同じように、自分が現実世界のあり方を意識していないわけではないことを、観客に伝えたいと思ったに違いない。

翌一九三四年、バークリーは『デイムズ』の振付を担当した。この題は『ご婦人たち』というほどの意味だが、『泥酔夢』という邦題がつけられた（「デイム」と読む）。これはバークリーがルービー・キーラーと一緒に仕事をした最後の映画となった。監督はレイ・エンライト（一八九六〜一九六五）、シナリオはデルマー・デイヴィス（一九〇四〜七七）が書いた。五つの歌が現れるが、「君が母さんの唇のほほ笑みで、父さんの目のきらめきだった頃」はアーヴィング・カハル（詞）とサミー・フェイン（曲）、「僕のやり方で見てごらん」はモート・ディクソン（［一八九二〜一九五六］、詞）とアリー・リューベル（［一九〇五〜七三］、曲）、「アイロン台の娘」「僕には君しか見えない」「ご婦人たち」はアル・デュービン（詞）とハリー・ウォレン（曲）が書いた。なお、前二者は踊りを伴わず、映画の中で重要な役割を果しているわけでもない。

芸能界に対して偏見を抱き、あらゆる快楽は悪だと信じているエズラ・アウンスという大富豪が、従妹のマティルダの夫であるホレス・ヘミングウェイという人物に向って、一千万ドルの金をしかるべき人物に生前贈与したいので協力してほしいと申し出る。但し相手は完全に品行方正な人間でなければならない。他方、エズラの遠縁にジミー・ヒギンズ（ディック・パウエル）という青年がおり、芸能界に関わりがあるので、エズラは激しい不快感を抱いている。ホレスとマティルダの間にはバーバラ（ルービー・キーラー）という娘がいるが、彼女はジミーと愛し合っている。

エズラという人物は何かあるとしゃっくりがとまらなくなるのだが、そのたびに彼は特効薬を服用する。それには多量のアルコールが含まれているのに、彼はそのことを知らない。やがて彼とマティルダとホレスは、ジミーとバーバラが出演する新作レヴューを見るために劇場へ出かけるが、どうしたわけか三人ともしゃっくりがとまらなくなり、これまでにもまして強力な特効薬を飲み続ける。レヴューが終る頃には三人とも酔っ払ってしまう。幸福感で一杯のエズラは芸能界に対する偏見から解放される。バーバラとジミーは結婚する。もう一人、ホレスが寝台車で知り合ったメイベル（ジョーン・ブロンデル）というコーラス・ガールがおり、やはりジミーの新作レヴューに出演しているのだが、エズラはこの娘が気に入る。『ゴールド・ディガース』では、ディック・パウエルが演じる名門の青年が自分の身分を隠そうとするという設定が物語の発端に現れたが、『泥酔夢』では、エズラのしゃっくりの発作（それは、極度に潔癖な人間であろうと努める彼の内面の葛藤の表れと理解すべきなのだろう）が、物語を動かすものとなっている。笑劇の手法としては面白いかも知れないが、いかにも軽い。いちばん大きな問題は、人物たちの実生活の事件とミュージカル・ナンバーとの間にはほとんど何のつながりもないという点である（この作品の場合に限らないが、ナンバーはバークリーが演出し、それ以外の場面は劇映画の監督――必ずしもミュージカルを十分に理解していなかったのではないかと思われる監督――が演出した）。

映画の見せ場は、バークリーが台本と振付を担当した三つのダンス場面である（ジミーのレヴューの場面という建前になっている）。まず、洗濯女に扮したジョーン・ブロンデルを中心とした「アイロン台の娘」が演じられる。彼女は仕事場の外の街路に停まっている馬車に仲睦まじい男女が乗っているのを目撃し、それから歌い出す――「私は男から優しい言葉をささやかれたこともないし、男の両腕で抱かれたこともない。でも私が愛する人はそばにいる」。彼女は男性の下着やパジャマにアイロンをかけながら、それらを身に着ける見知らぬ男への思いを歌うのである。下着の多くは長袖のシャツと長いズボン下が一体になった、いわゆるコンビネーションで、彼女は一着のコンビネーションを抱きながら床の上に横になったりする。洗濯物は、彼女の思いに応えるかのように踊る（洗濯物に細い糸をつけ、それを上方で操ったのだそうである）。やがて洗濯物は大挙して彼女を襲う。彼女は起き直って乱れた髪をととのえ、一着のコンビネーション相手に踊る。全体は孤独な女の夢想と理解すべきだろうと思うが、それにしても、男性の下着が生命を帯びて踊るのは妙に生々しい。かなりきわどいナンバーだと言わざるをえない。

ところが、このナンバーを見たエズラは、「ひどいところは何もないじゃないか」と言う。ホレスが「そうかい、エズラ」と問いかけると、彼は「いや、いちばんひどいところは後にとってあるんだ。今に見てろ」と答える。どうやら彼は露骨にエロティックな場面を期待しているらしい。映画の始めの方で、しゃっくりがとまらなくなった彼を心配して従妹のマティルダが寝室へやって来ると、彼は彼女に「出て行け」と言い、「私の寝室に女が入って来たことは一度もない」と述べる。いくら何でも、いい年をした中年男が女性体験皆無ということはありえないだろうと思われるが、彼が女性に嫌悪感を抱いていること（と言うより、嫌悪感を抱いているふりをしていること）は確かである。だが、アルコール入りの薬液を飲むうちに、彼は本音を洩らすようになったらしい。

第二のナンバーは「僕には君しか見えない」だ。バーバラとジミーがニューヨークの下町で逢う。ジミーがバーバラに向って、「空の星も目に入らない。人々も見えない。僕には君しか見えない」と歌うと、盛り場は急に無人になる（しばらくすると、人ごみは復活する）。二人が地下鉄に乗ると、またもや他の乗客たちは消えてしまう。車内の広告に映っているモデルたちは、すべてバーバラの（と言うよりキーラーの）顔になる。やがて二人は眠りこんでしまう（ここから後はジミーが見る夢だということになる）。キーラーの顔が画面に現れる。この顔はどんどん増える（頭部だけが群れをなして動くのは少なからず不気味である）。場面が変ると、巨大な階段や回転する車輪があり、至るところに白い服を着たキーラーがいる（ダンサーたちはすべてキーラーの仮面を着けているのである）。ダンサーたちが看板のようなものをもって集合すると、画面一杯のジグソーパズルが完成し、巨大なキーラーの顔になる。この顔の片方の目の瞳孔からキーラーが現れる。彼女の姿が一枚の鏡に映っている。鏡が裏返されると、地下鉄で眠る二人のシルエットが映し出される。地下鉄は終点で停まっていた。目覚めた二人は無人の地下鉄の車庫から去って行く。誰もが指摘する通り、これは極めてシュルレアリスティックなナンバーだ。

最後のナンバー「ご婦人たち」も、大勢の女性の身体を用いて幻想を展開させたものである。会議の席で、男たちがショーにとって大事なものは何かを議論している。するとディック・パウエルが一同を制し、「つまるところ、観客が見たがっているのは美しいご婦人たちだ」と歌う。男たちは消え、パウエルは集まったコーラス・ガールたちに向って、「明日の稽古は十一時開始だから、遅刻しないように」と告げる。一夜が明け、数多くのベッドでコーラス・ガールたちが眠っている場面になる。彼女たちは目覚め、屈伸体操をし、入浴し、鏡に向って化粧する。ここでバークリーはちょっとした遊びを披露した。鏡といっても枠だけで本体はない。枠をはさんで二人のダンサーが向き合っているだけだ。バークリーは意図的に同じ顔つきと体形のダンサーを大勢集めたから、こういう遊びが可能になったのだ。女たちは仕事場へ出かけて行く。

稽古を前にして、女たちは普段着を脱いで黒いタイツを着ける。そして、さまざまの模様を見

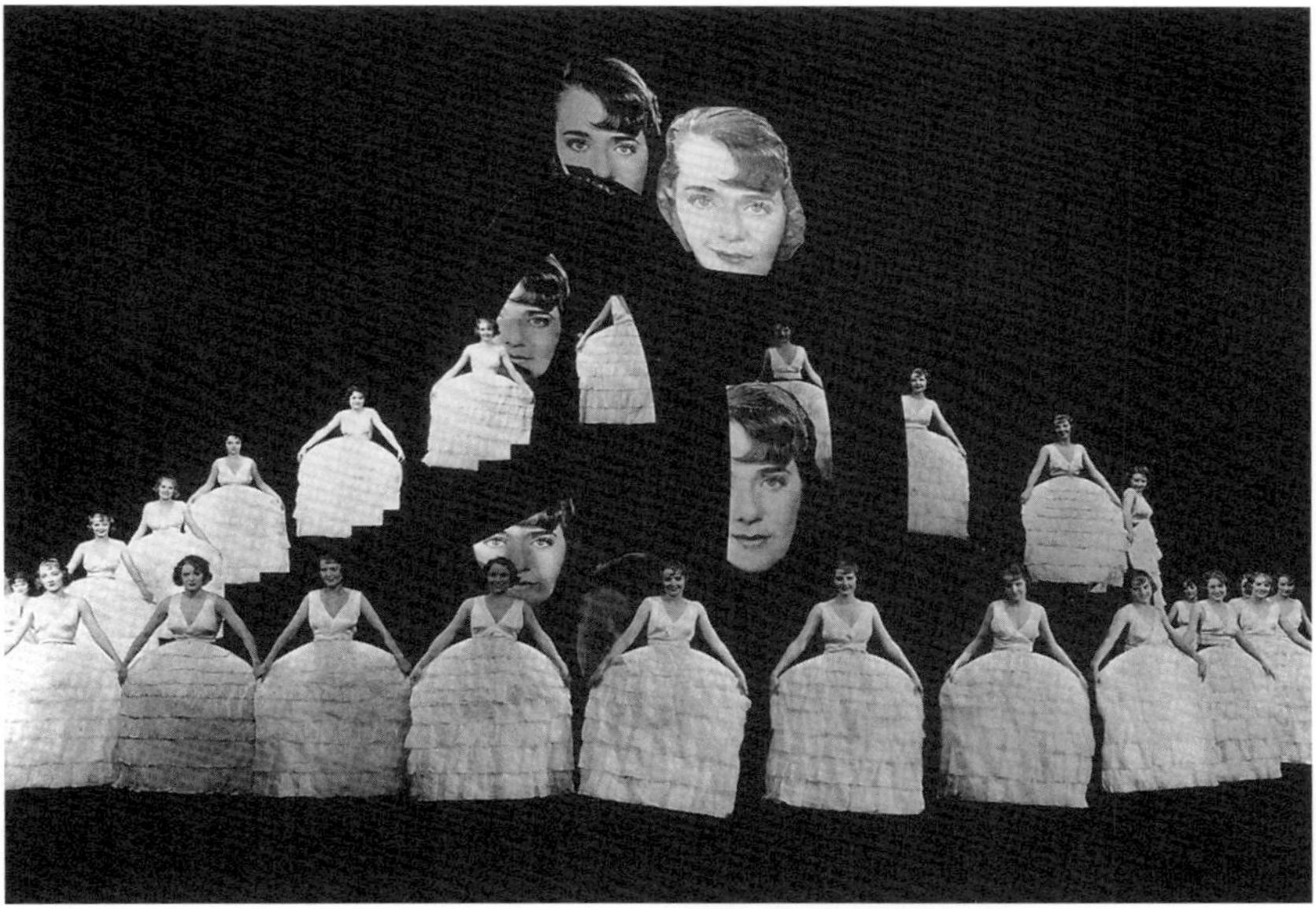

『泥酔夢』（1934）［上］「僕には君しか見えない」［下］「ご婦人たち」

せる（バークリーが得意としたシークエンスの始まりである）。例によって、模様は俯瞰で捉えられる。最後に模様を捉えた画面の中央にパウエルが顔を出し、「ご婦人たち」を歌い終える。

この映画については、ルーシー・フィッシャー（一九四九〜）というアメリカの映画学者が書いた「イメージとしての女性のイメージ――『泥酔夢』における光学の政治学」という興味深い論文がある。『フィルム・クォータリー』一九七六年秋季号に発表され、後にリック・オールトマン編『ジャンル――ミュージカル』（一九八一年、未訳）という論集に収録された。

フィッシャーは、バークリーが創造したナンバーに登場する女性は現実世界の存在ではなくて純粋のイメージなのだと言う。そして、このイメージは男性の意識が思い描いたものなのであって、個性をもたず、類型化されている。たとえば「僕には君しか見えない」のなかみは、ある男性の夢なのであり、同じ顔と体形の女性が何人も登場する。夢の主体である男性自身は登場しない。確かに、パウエルはこのナンバーの冒頭（眠りこむ前）と最後（夢から醒めた後）に登場するだけである。この事実は映画の最後の「泥酔夢」のナンバーについても、ほぼ当てはまる。更に、フィッシャーはあからさまに言及してはいないが、『泥酔夢』以外の映画のナンバーについても、同じ現象が認められる。

もちろん『四十二番街』の「四十二番街」、『ゴールド・ディガース』の「私の忘れられた男」、『フットライト・パレード』の「上海リル」のように、何ほどか〈リアリスティック〉なナンバーもバークリーは作っており、当然ながらこういうものには男性も大勢登場する。しかし、『泥酔夢』の二つのナンバー（「僕には君しか見えない」と「ご婦人たち」）だけでなく、『ゴールド・ディガース』の「公園でペッティング」（特に後半）と「影のワルツ」、『フットライト・パレード』の「滝のそばで」（これもディック・パウエルの夢になっている）には、男性はほとんど登場しない。そして偶然とはとても思えないが、これらのナンバーでは、女性ダンサーが形作る模様を俯瞰で捉えるという手法が必ず用いられている。フィッシャーは、こういう模様は「女性のセクシュアリティの象徴」だと考えている（『四十二番街』の「若くて健康」にも俯瞰のショットが現れるが、あのナンバーには男性もたくさん登場するから、例外だと考えるべきだろう）。「女性のセクシュアリティの象徴」という言い方はややまわりくどいが、要するに、ああいう模様は女性器を思わせると、フィッシャーは言っているに違いない。彼女は「影のワルツ」で巨大なヴァイオリンと巨大な弓とが交錯するショットについても性的な含意を読み取っている。バークリーのナンバーとは、女性をもっぱら性的対象として捉える男性の視点の所産だというのが、この学者の結論である。

ルービー・キーラーは、こういう受動的存在としての女性像を申し分なく体現していた。現実のキーラーがどんなひとであったかは私は知らないし、別に知りたいとも思わない。また、現代のフェミニズムの視点から、こういう女性のあり方――と言うより、女性をこういう存在として捉える男性の視点――を批判することにも、あまり意味はないであろう。一九三〇年代の映画製作者たちが――そして、男性だけでなく女性をも含む圧倒的多数の観客が――期待した女性像を、彼女は演じていたにすぎない。彼女は芸域の狭い俳優だったが、そのことはある意味で彼女に幸いした。やがて観客の想像力の中で、彼女自身と彼女が演じる役とは同一視されるようになった。こうしてルービー・キーラーは一種の文化的アイコンとして長く記憶されることとなったのである。

3

一九六八年十二月二十日のことである。ニューヨークの下町、いわゆるオフ・ブロードウェイにあるバワリー・レイン劇場という小さな劇場で、『海上の女たち』というささやかなミュージカルが初日を迎えた。台本と詞はジョージ・ヘイムソーン（一九二五〜二〇〇三）とロビン・ミラー（一九二八〜二〇一〇）、曲はジム・ワイズ（一九一九〜二〇〇〇）が担当した。物語の時は「一九三〇年代前半」、第一幕の場所は「四十二番街にある劇場ならどこでもいい」となっている。

この劇場で、モーナ・ケントという大スターが主役を演じる『海上の女たち』というミュージカルの稽古が行われている（いわば劇中劇になるミュージカルも、全体の枠になるミュージカルも、同じ題で呼ばれているのである）。そこへルービーと名乗る田舎娘が現れる。ブロードウェイ・ミュージカルに出演するつもりでやって来たのだと彼女は言う。プロデューサーで演出家のヘネシーは少なからず呆れるが、気のいい女優のジョーンが、丁度コーラス・ガールの欠員ができたから採用してやれと言い、かたちだけのテストを受けてルービーは採用される。

何日もものを食べていないルービーは気絶しそうになり、折よく現れたディックという水兵に抱きとめられる。ディックは休暇で上陸中だったが、ルービーがスーツケースを置き忘れたのに気づき、バスのターミナルから彼女の後を追って来たのである（スーツケースをあけると、タップダンス用の靴一足のほかには何も入っていない）。二人は同じ田舎町の出身であることが分り、たちまち意気投合する。ディックは水兵だが、余技に歌を作る。彼の才能を認めたモーナは、色気がらみで彼を誘惑するので、ルービーは気が気でない。ディックの相棒の水兵ラッキーが現れる。彼はジョーンの昔の恋人だった。二人はたちまちよりを戻す。

ところが、ミュージカルを上演する筈だった劇場の持主が急に代り、劇場は取り壊されることになる。初日を目前にして一同は途方に暮れるが、ディックが名案を思いつく。これは海上の女たちの物語だから、自分たちの軍艦で上演したらどうかというのだ。その上、艦長はモーナの昔の恋人であることが判明する。艦長は艦上での上演を許可する（第二幕の場面は艦上である）。だが、モーナがますます露骨にディックに色目を使うので、ルービーは絶望する。彼女に同情したジョーンとラッキーは一計を案じ、モーナが出演するナンバーになると、ラッキーがスポットライトを激しく動かす。モーナは船酔いになり、出演できなくなる。ヘネシーは大ばくちを打ってルービーを代役に起用する。結果は大成功で、ルービーは一躍スターになる。彼女とディック、ジョーンとラッキー、モーナと艦長は結婚を約束する。なお、初演でルービーを演じたのは、やがてミュージカルの大スターになるバーナデット・ピーターズ（一九四八〜）だった（また、この作品は日本では『踊れ艦隊のレディたち』という題で上演されたことがある）。

偶然が続き、誰が考えても無理な結末に到達するのだが、作者たちは意図的にこういうやり方を選んだのだ。つまり、『海上の女たち』とはバズビー・バークリーのミュージカル映画――特に『四十二番街』――のパロディないしパスティーシュ（換作）なのである。『デイムズ・アット・シー』という原題は、もちろん『泥酔夢《デイム》』を踏まえている（「アット・シー」という表現には「途方に暮れた」という意味もある）。中心人物がルービー、ディック、ジョーンと呼ばれているのは、ルービー・キーラー、ディック・パウエル、ジョーン・ブロンデルに因んだものである。

こういう事実を全く知らない観客にとっては『海上の女たち』はそれほど面白くないかも知れないが、バークリー映画の世界を熟知している観客は、たとえば、この作品に現れる「ウォール・ストリート」「チュー・チュー・ハニムーン」「シンガポール・スー」「こだまのワルツ」といった歌が、それぞれ「四十二番街」「汽車でバファローへ」「上海リル」「影のワルツ」を下敷きにしていることに気づき、いわば特権的な立場からこの作品を楽しむに違いない。観客はどんな情報をもっているかによって、二分されるのである。

大詰でディックとルービーはこういう対話をする――

ディック　考えてもごらん、ルービー。今朝バスに乗ってた時の君は、スーツケースの中にタップ・シューズ一足、胸にはお守り、そのほかには何ももっていなかった。でも今では君は、ブロードウェイの大スターで、マンハッタンの花形で、アメリカ海軍の恋人だ。どんな気持だい？

ルービー　いい気持。

ルービーはただ一言「いい気持《ナイス》」と答えるのだが、『四十二番街』のペギー・ソーヤーは、いくら何でもこれほど馬鹿げた返事はしなかっただろう。しかし、『四十二番街』という映画には、一歩間違えたら彼女はこんな返事をしたかも知れないと観客に感じさせるところがある。そして観客は万事承知でこの馬鹿らしさを楽しんだのである。観客にとってはバークリーやキーラーは文化的アイコンだったのであり、彼等はこういうアイコンを愛していたのだ。

こういう愛情をもっと大がかりなかたちで表現した人物がいた。ハリー・リグビー（一九二五〜八五）というプロデューサーである。バークリー映画を見て育ったリグビーは、やがて、この偉人の演出と振付で古いミュージカルを上演したいと思うようになり、バークリー自身の承諾も得た。それだけではない。リグビーは引退していたルービー・キーラーを引張り出すことにも成功した。最終的に選ばれた作品は一九二五年初演の『ノー・ノー・ナネット』だった。これは気前のいい金満家に養育された孤児の娘ナネットをめぐる物語である。作曲を担当したのがヴィンセント・ユーマンズ（一八九八〜一九四六）で、歌のひとつは大ヒットとなった「二人でお茶を」であったことを挙げておく。

カリフォルニアからニューヨークへやって来たバークリーは疲れた老人で、演出も振付もできるような状態ではなかった。自分で上演資金を調達することができなかったリグビーは、ある女性の協力を仰いだが、共同プロデューサーとなったこの女性の意見に従って、演出と振付についてはそれぞれ別の人物と契約するほかなかった。結局、バークリーにはほとんど何もすることがなかったのだが、ただ、彼の名前が切符の売り上げに貢献したことは確かなようだ。

これに対して、キーラーの存在は熱狂的に歓迎された。ニューヨーク公演の初日は一九七一年一月十九日だったが、その年の九月十一日、ニューヨークにいた私は公演を観た。キーラーが演じていたのは、若い女主人公の母親代りになる金持の人妻だった。彼女のナンバーはふたつしかなかった。そのうちのひとつでは歌も歌う。もうひとつでは踊るだけである。しかし、ただ踊るだけではない。既に六十歳を越えていた彼女は、大勢のダンサーを従えてタップダンスを披露した。彼女が演じる人妻が住む豪邸では、踊り場の左右両側から一階に向って長い階段が通じているから、下手側の階段をキーラーは悠然と降りて来た（足元へ注意が向くと演技が内にこもってしまうから、舞台の階段を降りるのは意外に厄介な作業なのである）。そして彼女はゆっくりした調子でタップダンスを始めた。ステップは次第に激しいものになる。他のダンサーたちも踊りに加わる。それでも客席にいちばん近いところにいる彼女のステップの音はよく聞こえる。だが、彼女の演技の巧拙など問題ではなかった。あの日の観客のほとんどはキーラーが出演する映画を見たことがあったであろう。人々は眼前にいる彼女のタップの音に重ねて、一九三〇年代の映画の中で彼女が懸命に披露したタップの音を聞いていたのだ。

第三章　正統としてのフレッド・アステア

1

『マイ・フェア・レディ』（一九五六年初演）や『キャメロット』（一九六〇年初演）といったミュージカルの台本と詞を書いたアラン・ジェイ・ラーナー（一九一八〜八六）は、ミュージカル映画のシナリオもいくつか発表している。そのひとつはフレッド・アステア主演の『恋愛準決勝戦』（原題は『ロイアル・ウェディング』、一九五一年）のためのものだった。ラーナーには『我住む街』と題する回想録があるが（一九七八年、未訳）、その中で彼はアステアについてのちょっとした事件を紹介している。ある夕暮れのこと、ＭＧＭスタジオの誰もいない広大な敷地を歩いていたラーナーは、首にタオルを巻いた小柄な疲れた男が現れたのに気づいた。アステアだった。

彼は私に近づき、ぐったりした片腕を私の肩にまわして言った——「ああアラン、なぜ誰かが僕に言ってくれないんだ？　君はダンスができないと」。悩み抜いた末に発せられたこんな筋の通らない問いに答えようとしたら、こちらが愚かに見える。私には黙って彼と一緒に歩くことしかできなかった。なぜ誰かがフレッド・アステアに向って君はダンスができないと言わないのか。それは、そんな問いを発する人物はフレッド・アステアしかいないからだ。だから彼はフレッド・アステアなのである。

アステアは原則として自分の踊りの振付は自分でやった。二小節の音楽の振りを決めるために三日も四日もかけるのは普通だった、とラーナーは述べている。アステアは完全主義者で、彼との稽古は大変だったという話がたくさん残っている。アステアには『フレッド・アステア自伝 Steps in Time』（一九五九年）という自伝があるが、その中で彼は、陽気で明るくて屈託がないという、映画を通じて広まっていた自分の人物像は全くの出鱈目だと明言している。実際の自分は、怒りっぽくて短気で気難しくて口やかましいというのだ。つまりイメージと実体との間に著しい乖離があるのだが、そのことの顕著な例として彼が挙げるのは服装である。

アステアの代表作のひとつに『トップ・ハット』（マーク・サンドリッチ監督［一九〇〇～四五］、一九三五年）という映画がある。アーヴィング・バーリンが作詞と作曲を担当した歌がいくつも使われているが、とりわけ有名な、この作品の主題歌ともいうべき「トップ・ハット、ホワイト・タイ、アンド、テイルズ」――「シルクハットと白いネクタイと燕尾服」とでも訳した方が分りやすいと思うが、とにかくこういう服装はある時期以後はアステアのトレードマークと見なされ

フレッド・アステア（『コンチネンタル』［1934］）

るようになった。別に燕尾服でなくてもいい。タキシードに黒い蝶ネクタイでもいいだろう。一般観客にとっては、アステアとは礼装ないし正装で登場する俳優だったのである。ところがアステアはやはり自伝の中で、「私は礼装は嫌いだ」と述べている。

アステアは姉のアデル・アステア（一八九六〜一九八一）と組んで、幼児だった頃からヴォードヴィルに出演していた。その時にシルクハットや燕尾服を着用せねばならないのがいやでたまらなかったという。アステア姉弟は出世して本格的なレヴューやミュージカルに出演するようになった。やがてアデルはイギリスの貴族と結婚して一九三一年に引退してしまった。相手役を失ったフレッドは別の女優と組んで舞台出演を続けたが、一九三三年に映画界入りを果した。つまり、フレッド・アステアは映画俳優となった時には既に三十歳を越えており、また三十年近くの芸歴をもっていたのである。正装ないし礼装から解放されるにはもう遅すぎたに違いない。

イェイル大学出版局から『アメリカのアイコン』というシリーズの書物が出ている。アイコン化したアメリカ人ひとりを一冊の本で論じることによってアメリカの歴史や文化を吟味しようとするシリーズで、フレッド・アステアについての巻（二〇〇八年、未訳）を執筆しているのは、批評家で作家のジョーゼフ・エプスタイン（一九三七〜）という人物である。この本のある章は「人が服装を作る」と題されているが（もちろん、この題は「服装が人を作る」という言い方を踏まえたものだ）、その章でエプスタインは、「今では、白いネクタイと燕尾服を身に着けた人物を――とりわけ舞踏場で――見かけたら、フレッド・アステアを思い出さずにはいられない」と書いている。アステアのおかげで正装というものが特定の人物と不可分になったというのである。

ついでながら、野球帽をかぶったアステアは考えられないとエプスタインは言うが、野球帽はジーン・ケリーがしばしば着用したものであった。

アステアの初期の映画はすべてRKOで製作されたが、第一作『空中レヴュー時代』（原題は『南へ飛んでリオへ』、ソーントン・フリーランド監督［一八九八〜一九八七］、一九三三年）の撮影が遅れたので、アステアはMGM社の『ダンシング・レディ』（ロバート・Z・レナード監督［一八八九〜一九六八］、一九三三年）にちょっとした役で出演した。厳密に言うと、これがアステアの映画デビュー作となる。これはあるミュージカルを作るに当って厳格な演出家（クラーク・ゲイブル［一九〇一〜六〇］）と主演女優（ジョーン・クロフォード［一九〇四〜七七］）との間に生じる葛藤を描いた、明らかに『四十二番街』を意識した作品で、アステアはクロフォードの相手役のダンサーを演じる。『空中レヴュー時代』に始まるRKO社の映画では、アステアは必ず正装して踊る場面を与えられたが、五本目の『艦隊を追って』（マーク・サンドリッチ監督、一九三六年）に至って、アステアは水兵姿で登場し、ガムを噛み、肩を怒らして台詞をしゃべった。さまにならなかった。但しアステアは元はダンサーだったという設定になっており、やがて正装して大がかりなダンスを披露する。観客はほっとする。アステア自身もほっとしたのではあるまいか。

服装というものの機能はそれを着用する人物を引き立てることだとするのが、通常の考え方であろう。だが服装には、それを着用する者の実体を隠すという機能もある。変装するために特定の服装を身に着ける場合もありうるのだ。アステアにとっては、正装は少なくとも心理的には変装であったのかも知れない。だから、それはいかにもさまになっている。自分自身は正装が嫌いであったからこそ、彼は正装することによって他者になり切れたのだと考えることもできよう。

ＲＫＯ社と契約したアステアは、ジンジャー・ロジャーズを相手役として、まず『空中レヴュー時代』に出演する。一九三〇年にロジャーズはガーシュウィン兄弟が歌を担当した――厳密に言うと、ジョージ・ガーシュウィン（一八九八～一九三七）が曲、彼の兄のアイラ（一八九六～一九八三）が詞を書いた――『ガール・クレイジー』というミュージカルに出演したが、ダンス場面の演出家に頼まれて稽古場に現れ、助言したのがフレッド・アステアだった。こうしてロジャーズと知り合ったアステアは彼女を食事に誘ったりするようになったが、結局、二人の関係がそれ以上進展することはなかった。

『空中レヴュー時代』が興行的に成功したので、ＲＫＯ社は二人の共演で次のミュージカル映画を作ることにした。だが、アステアはあまり乗り気ではなかった。彼は長年の相手役だった姉のアデルが結婚して引退したという事件によってひどく傷ついたことがあったので、またもや特定の女優と何度も組むことになるのをためらったのである。他方ロジャーズはそういうためらいとは無縁だった。ロジャーズには『ジンジャー・ロジャース自伝』（一九九一年）という大部の自伝があるが、その中で彼女はこう述べている――「私にはミュージカルでない映画にひとりで出演する機会があった。フレッド・アステアと一緒に一本の映画に出演すると、私は彼ぬきで三本か四本の映画に出演するのだった」。日本ではあまり知られていないようだが、ロジャーズは劇映画の女優としても盛んに活動していたのであり、たとえば一九三四年には七本もの映画に出た。そして、次第にミュージカル映画よりも劇映画を主な活躍の場としたいと思うようになった。彼女とアステアは、ＲＫＯでは『空中レヴュー時代』から『カッスル夫妻』（Ｈ・Ｃ・ポッター監督［一九〇四〜七七］、一九三九年）に至る九本のミュージカル映画に出演する。

昔から、二人は仲が悪いという噂があったが、二人とも自伝ではそれを強く否定している。だが、二人が特に親密だったという証拠もない。ロジャーズと別れた後のアステアは数多くの女優を相手役としてミュージカル映画に出演したが、ロジャーズほど何度も共演した女優は他にはいない。彼女との組合せには、他の相手役の場合には認められない熱気や充実感が漂っている。これは奇妙なことに感じられるかも知れない。だが、そう感じるのは正しいのだろうか。

分り切ったことだが、芝居と現実とは全く別物である。実生活で夫婦であったり恋人同士であったりする男女が映画の中で恋人同士を演じたら、自動的に現実感が生れるだろうか。そんなことはあるまい。映画の中でアステアとロジャーズが演じた恋人たちに現実感があったのは、むしろ、二人が実生活では親密な関係になかったからではないだろうか。実生活のアステアは正装が嫌いだったから、正装してある役を演じると緊張感が生じた。同様に、実生活では恋愛関係にないアステアとロジャーズが恋人同士を演じると、緊張感が生じたのではなかったか。二人が虚構を演じたからこそ、それはあれほど強く観客に訴える力をもっていた。二人が体現していたのは、芝居というものの究極の逆説なのだった。

2

アステアとロジャーズが共演したミュージカル映画は以下の十本である——

『空中レヴュー時代』（ソーントン・フリーランド監督、一九三三年）
『コンチネンタル』（原題は『陽気な離婚女』、マーク・サンドリッチ監督、一九三四年）
『ロバータ』（ウィリアム・A・サイター監督〔一八九〇～一九六四〕、一九三五年）
『トップ・ハット』（マーク・サンドリッチ監督、一九三五年）
『艦隊を追って』（マーク・サンドリッチ監督、一九三六年）
『有頂天時代』（原題は『スウィング・タイム』、ジョージ・スティーヴンズ監督〔一九〇四～七五〕、一九三六年）
『踊らん哉』（マーク・サンドリッチ監督、一九三七年）
『気儘時代』（原題は『心労知らず』、マーク・サンドリッチ監督、一九三八年）
『カッスル夫妻』（H・C・ポッター監督、一九三九年）
『ブロードウェイのバークレー夫妻』（チャールズ・ウォールターズ監督〔一九一一～八二〕、一九四九年）

『ブロードウェイのバークレー夫妻』はＭＧＭの製作で（他の映画はすべてＲＫＯの製作だ）、アステアとロジャーズの共演が打ち切られて大分経ってから作られた映画だから、区別した方がいいだろう（この映画だけがカラーである）。

残る九本から強いて一本だけを選ぶなら、『トップ・ハット』になるのではないか。こう思うのは私だけではない。アステアが出演したミュージカル映画のすべてのナンバー（その中にはアステア自身が演じてはいないものも含まれている）を精細に吟味した『アステアが踊る』（一九八五年、未訳）という大変な労作があるが、この本の著者のジョン・ミューラー（［一九三七〜］、この人物は高名な政治学者でもある）もやはり『トップ・ハット』を選び、こう述べている――

『有頂天時代』の踊りや美術の方がほんの少しみごとであるかも知れない。『コンチネンタル』や『気儘時代』のシナリオや演出の方がほんの少し歯切れがいいかも知れない。『有頂天時代』や『ロバータ』の音楽の方がほんの少し印象的であるかも知れない。『踊らん哉』の脇筋のドタバタの方がほんの少し微笑ましいかも知れない。『有頂天時代』や『気儘時代』の演技の方がほんの少し豊かであるかも知れない。だが『トップ・ハット』はどの領域においても極めて高い水準を保っており、全体としては群を抜いて満足すべき娯楽作になっているのだ。

要するに、『トップ・ハット』はむらのない仕上がりを見せているというのである。ついでに少し意地の悪いことを言うと、ミューラーは『空中レヴュー時代』『艦隊を追って』『カッスル夫妻』の三本には（それから、『ブロードウェイのバークレー夫妻』にも）全く言及していない。どうやら彼は、これらの作品は完成度が高くないと考えているようだ。

『トップ・ハット』の物語は極めて単純だ。アメリカ人のダンサーのジェリー・トラヴァーズ（アステア）が、公演のためにプロデューサーのホレス・ハードウィック（エドワード・エヴェレット・ホートン〔一八八六～一九七〇〕）と一緒にロンドンへやって来る。ジェリーはデイル・トレモント（ロジャーズ）という若い女と知り合い、一目ぼれする。彼女はアルベルト・ベディーニというきざなイタリア人デザイナー（エリック・ローズ〔一九〇六～九〇〕）のためにモデルとして働いていて、アルベルトとともに仕事でヴェニスへ向う。ジェリーとホレスも彼女を追ってヴェニスへ行く。さまざまの事情で、デイルは自分に言い寄っている男は自分の親友マッジ・ハードウィック（ヘレン・ブロデリック〔一八九一～一九五九〕）の夫（ホレス）なのだと思いこみ、ヴェニスにいるマッジにそのことを告げるが、マッジは動じない。デイルとジェリーは似合いのカップルだと考えたマッジは二人を引き合わせるが、二人が既に知り合いだったので驚く。ジェリーに惹かれながらも、彼は簡単に妻を裏切ろうとする卑劣な男だと信じ切っているデイルは、はずみでアルベルトと結婚してしまう。そのことを知ったジェリーは二人の仲を割こうとする。やがてすべての誤解は解け、しかも、ホレスの召使ベイツ（エリック・ブロア〔一八八七～一九五九〕）が牧師のふりをしてデイルとアルベルトの結婚式を司ったことが判明する。つまり、この結婚は無効だったのだ。ジェリーとデイルはめでたく結ばれる。

この物語にはかなり不自然なところがある。デイルは親友マッジの夫の顔を一度も見たことが

『トップ・ハット』（1935）ジンジャー・ロジャーズ、フレッド・アステア

ないようだし、デイルに求愛するジェリーは自分の名前を彼女に明かさない。もっともこういう不自然さは、アステアとロジャーズの映画では別に珍しくもないのであり、我々は主役二人の華麗な踊りと歌を楽しめばそれでいいのであろう。

映画はロンドンの堅苦しいクラブで始まる。ジェリーが新聞を読んでいるのだが、頁を繰るたびに音を立てるので、人々は苦々しい表情を浮かべる。現れたホレスと一緒にジェリーはクラブを出て行くが、その前に、開き直った彼はすさまじい音を立ててタップを踏む。これは次の場面の伏線になっている。

ホテルへ戻ったホレスはジェリーに向って、そろそろ身を固めてはどうかといったことを言う。するとジェリーは、自分は自由な独身生活を楽しんでいるのだと述べ、「ノー・ストリングズ」という歌を歌い、踊る。「紐つき」という言い方があるが、「ノー・ストリングズ」とはいわば「紐なし」という意味である。この映画の歌はすべてアーヴィング・バーリンが作詞と作曲を担当したが、軽快で楽しい歌が揃っている。ジェリーは調子に乗って踊り続ける。カメラは階下の部屋で眠っていたデイルが睡眠を妨げられて怒っているのを映す（つまり、ジェリーが音を立てて他人を怒らせるという事件が二度続いて起るのである）。

デイルは遂に上階の部屋を訪れ、苦情を言う。彼女を一目見て好意をもったジェリーは「自分は時に踊りたくなる発作にかられるのだ」と弁解する。そして彼女が自室へ戻ると、ジェリーは外の廊下にあったたんつぼの砂を部屋の床に撒く（「たんつぼ」と聞くと汚らしいが、つばを吐いたり、煙草の吸殻の火を消したりするために用いる、砂を入れた金属の鉢である。もちろんここでは、砂を入れ替えたばかりの清潔な状態になっている)。彼は砂を踏みながら踊る。静かな音が階下の部屋に達し、デイルは眠気を催す。つまり、ジェリーのタップの音で目を覚ましたデイルは、今度は彼が砂を踏んで踊る音に癒されて再び眠りにつくのである。デイルを見たジェリーは彼女に一目ぼれするが、最初は怒っていたデイルもジェリーの心遣いに気づいて、何ほどか彼に対して好意をもつようになる。そもそもジェリーが深夜に踊り狂うという非常識なことをしていなかったら、彼がデイルと知り合うこともなかったのだ。二人の結びつきには聴覚も重要な働きをしていることは、記憶しておいた方がいいだろう(なおアステアは、一九五二年に公開された『ベル・オブ・ニューヨーク』でも「私は踊る男になりたい」という〝砂のダンス〟を披露した)。

さて翌日、デイルは乗馬を楽しむために公園へ行こうとして馬車に乗る。すると御者がタップを踏む音が聞こえる(この馬車は、客室の真後ろに御者の席があるという構造になっている)。ジェリーがいることにデイルは気づく(おそらくジェリーはほんものの御者に金を渡して、席を譲らせたのであろう)。公園へ来ると激しい雨が降り出したので、二人は音楽会用の建物に避難する。イギリスの公園ではちょっとした音楽会が開かれることがあるが、楽師たちは屋根のある建物で演奏する(日本語では「演奏台」とか「野外音楽堂」とかと呼ばれるようだ)。ジェリーは「今日はすてきな日じゃないか(雨で足止めを食らうには)」という歌を歌い始める——「天気は悪いが僕は構わない、君と一緒にいられるのだから。今日はすてきな日じゃないか」。快晴の爽やかな天気だから気分がいいというのでは、当然すぎて面白くない。土砂降りの悪天候が快いものに感じられるのは、二人がそれほどに強い好意を抱き合っているからなのである。やがて二人は踊り出す。一人がある振りを見せると、もう一人はそれを真似る。次第に二人の息が合うようになる。やがて二人は抱き合い、互いに相手の身体を投げ上げる。踊り終えた二人は握手する。相手のことをよく知らない一組の男女が、警戒しながらも相手に接近し、やがて打ち解けるに至るのだ。この場面の踊りは求愛行為を視覚化した、少なからずエロティックなものである(なお、二〇一六年に公開されたミュージカル映画『ラ・ラ・ランド』は、アステアとロジャーズの出演作を含むさまざまの過去の作品を踏まえたものだが、この映画には、主役の男女が「すてきな夜」という歌を歌い、踊る場面が現れる。この場面は「今日はすてきな日じゃないか」を明らかに意識して作られている。この点については第七章で論じる)。

幸せな気分でホテルへ帰ったデイルは、ジェリーが下劣な女たらしらしいという誤解に取りつかれ、ヴェニスへ出かけることにする。ジェリーとホレスは間もなく彼女を追ってヴェニスへ出発するのだが、その前にジェリーは正装した男性のコーラスを従えて「シルクハットと白いネクタイと燕尾服」を歌い踊る(これはジェリーが出演するショーの一場面という想定になっている)。このナンバーの原型はアステアが出演した『ファニー・フェイス』(一九二七年初演)というミュージカルにあった。それは更に『微笑』(一九三〇年初演)という別のミュージカルでも用いられたが、アステアは今度はそれを映画で再利用しようと考えたのである。

まず「私は正装して出席せよという招待状を受け取った」と歌い、コーラスの男性たちと一緒に踊る。間もなくコーラスは退場し、ジェリーは何となく不気味な街路で(舞台には街灯が並ん

『トップ・ハット』［上」左からヘレン・ブロデリック、エリック・ブロア、エドワード・エヴェレット・ホートン、ジンジャー・ロジャーズ、フレッド・アステア、エリック・ローズ［下］「シルクハットと白いネクタイと燕尾服」フレッド・アステア

でいる）ひとりで踊る。コーラスが再登場すると、ジェリーはステッキを銃、タップの音を銃声に見立てて、コーラスの男性をひとりまたひとりと射殺する。これはギャングの抗争を表しているのだろうか。もしそうなら、そういう男たちが正装しているのは皮肉な意味をもっていることになる。

なお、ロジャーズと離れたあとの主演作『ブルー・スカイ』（一九四六年）の「プッティン・オン・ザ・リッツ（いい暮しをひけらかして）」というナンバー（これもバーリンの歌だ）は、明らかに『トップ・ハット』のこのナンバーを意識して作られている。「プッティン・オン・ザ・リッツ」の大部分は正装したアステアのソロになっているが、終り近くに、やはり正装した九人の男性のコーラスが加わる（九人全員がアステアによって演じられている）。最初、九人の男たちは鏡に映るアステアの影のように見えるが、間もなく男たちはアステアとは異なる動きを見せ始める。やがて、九人は二種類の動きを見せるグループに分れる（画面の奥に、ある動きを見せるダンサーと別の動きを見せるダンサーが交互に並ぶ）。この場面が撮影と編集に手間をかけて完成したものであることは、容易に想像がつくであろう。二種類の動きを含むコーラスの踊りはすべてアステア自身が踊り、それぞれを撮影した上で合成したのだ。つまり、この場面ではアステアは『トップ・ハット』の一場面という自分の過去の仕事に、やや距離をおいて言及しているのである。

『トップ・ハット』のこれ以後の場面はヴェニスに設定されているが、このくだりでは、大がかりなダンス・ナンバーがふたつ披露される。まず、マッジに促されたデイルとジェリーが「チーク・トゥ・チーク（頬寄せて）」を踊る（これはいわゆるチーク・ダンスのナンバーである）。最初にジェリーがデイルに歌いかける――「天国だ、僕は天国にいる……頬寄せて君と一緒に踊っている時には」。デイルはなおジェリーが品性下劣な男ではないかと疑っているが、自分が彼に惹かれていることは否定できない。最初はレストランで踊っていた二人だが、やがて舞踏場というもっと広い空間へ移り、踊り続ける。二人は次第に親密な動きを見せるようになる。雨が降るロンドンの公園でデイルとの間に友好的な関係を築きながら、それを失ってしまったジェリーは、どうやらあらためて彼女を取り戻したようだ。

この場面の撮影にはある問題があった（このことはアステアの自伝でもふれられている）。ロジャーズのガウンには羽根がたくさん縫いつけてあったのだが、踊るとそれが飛散し、アステアの顔面を襲った。衣装係が羽根をガウンにしっかりと固定して、ようやく撮影が可能になったというのである。この事件は、アステアがジュディ・ガーランド（一九二二～六九）を相手役として作った『イースター・パレード』（一九四八年）で再現された。二人が一緒に踊ろうとすると、ガーランドの衣装についていた無数の羽根が二人の周囲に漂うのである。後年のアステアは、『ブルー・スカイ』の「プッティン・オン・ザ・リッツ」の場合よりも更に徹底的に自らを戯画化することもよくやった。

デイルがアルベルトと結婚したことを知ったジェリーは、新郎新婦が一夜を過ごそうとしている部屋の上で激しくタップを踏み、階下にいる二人の平安を乱す。もちろん、ホテルの場面の意図的な再現である。アルベルトが部屋から出たことを確認したジェリーはデイルを連れ出し、ゴンドラで遠出する。そして詳細を説明する。真相を知ったデイルはやっと心の平安を得る。打ち解けた二人は大勢のコーラスと一緒に「ピコリーノ」というナンバーを踊る。

アステアとロジャーズの第一作『空中レヴュー時代』では、終り近くに「カリオカ」という群舞が現れた（男と女が額と額をつけて踊るのだが、さまざまの人種のダンサーたちが相次いでそれを披露する）。また、第二作『コンチネンタル』でも、「コンチネンタル」と呼ばれる踊りが現れた。『トップ・ハット』の歌の詞と曲を担当したアーヴィング・バーリンは、アステアとロジャーズの映画には大がかりな群舞が不可欠なのだろうと考えて「ピコリーノ」を作ったのである。「アドリア海の浜辺では、ヴェニスの若者たちが新しい曲をギターで奏でている。それはブルックリンで暮すゴンドラの船頭が作ったもので、イタリアに伝わり、ピコリーノと呼ばれるようになった」といった内容の歌である。バーリンは大変な苦労をしてこの歌を作ったのであり、出来栄えに満足していると語っていたが、残念ながら、「カリオカ」や「コンチネンタル」ほどには評判にならなかった。「カリオカ」や「コンチネンタル」は特定の踊りそのものを指すのに、「ピコリーノ」はある歌を指している点に問題があったのかも知れない。これを最後として、RKOがアステアとロジャーズの映画を大規模なダンス・ナンバーで結ぶことはなくなった。

『トップ・ハット』はアステアとロジャーズの共演作品の四作目に当るが、この作品に至って物語の型が一種の完成を見たようだ。すなわち、まずアステアがロジャーズに一目ぼれする。ロジャーズは最初は反撥するが、次第にアステアに好意を抱くようになる（この過程でダンスが決定的な役割を果す）。作品の終り近くに大がかりなダンス・ナンバーが現れる。主人公たちは結ばれる。
だがこういう型は試行錯誤の末に出来上がったのであり、最初の『空中レヴュー時代』では、まだ影もかたちもなかった。アステアとロジャーズは脇役であり、しかも二人の間には恋愛関係はなかった。物語の進行にとって重要なのは、バンドリーダーを演じるジーン・レイモンド（一九〇八～九八）と、ブラジル出身という想定のドロレス・デル・リオ（一九〇四～八三）、ブラジルにいる彼女の恋人との三角関係であり、ブラジルの男が身を引いたので、レイモンドとデル・リオが結ばれる。映画の呼びものは言うまでもなく「カリオカ」の場面だったが、もうひとつ邦題の由来である空中レヴューがあった。アステアが「南へ飛んでリオへ」を歌い、空高く飛ぶ飛行機の翼の上で女性ダンサーたちが踊る。もちろんこの場面は特殊撮影によって処理された。

少し話がそれるが、奇矯な趣味で知られたケン・ラッセル（一九二七～二〇一一）というイギリス人の映画監督に、『ボーイフレンド』（一九七一年）という作品がある。原作はサンディ・ウィルソン（一九二四～二〇一四）による同名のイギリスのミュージカル（一九五三年初演）で、これは一九二〇年代ミュージカルのパスティーシュである。映画版を作ったラッセルはバズビー・バークリーの手法を何度も何度も再現しようとしているが、ありとあらゆる趣向を採り入れずにはいられないこの監督は、飛行機の翼の上で女性ダンサーたちが踊る場面も作った。もちろんこれは『空中レヴュー時代』への言及である。

アステアとロジャーズが共演した二本目の作品『コンチネンタル』は、アステアが出演したミュージカル『陽気な離婚』（一九三二年初演）を原作としている。この作品の歌はすべてコール・ポーターが作詞と作曲を担当したものだったが、映画版では「夜も昼も」だけが残され、他の作者たちによる歌があらたに加えられた。また、『陽気な離婚 *The Gay Divorce*』という原題は、当時の検閲で差障りがあると判断されたので、『陽気な離婚女 *The Gay Divorcee*』と変えられた。

　この映画では、初めて主役を演じたアステアとロジャーズの歌と踊りがすばらしいが、物語そのものは――ことに映画の後半では――いささか陳腐なドタバタ喜劇になっている。

　アステアが演じるのはパリで活躍しているダンサーのガイ・ホールデンだ。彼はイギリスへやって来た折、税関でミミ・グロソップ（ロジャーズ）という女と知り合い、たちまち好きになった。ミミは不幸な結婚をしており、夫と別れたがっているのだが、弁護士（エドワード・エヴェレット・ホートン）の発案で、海辺の保養地のホテルで、弁護士が派遣する見知らぬ男と一夜を過ごすことになる。こうすれば、いかにもミミは夫を裏切ったように見えるから、離婚が成立するだろうというのである。ちなみに、離婚訴訟では妻の不貞の相手を「共同被告《コーリスポンデント》」と呼び、弁護士が差し向けようとしているのは、こういう仕事を職業にしている男である。

　ホテルへやって来たミミはたまたまガイに再会する。ガイは彼女に向って「夜も昼も」を歌いかけ、二人は心行くまで踊るが、最後にガイがある言葉を口にする。ガイには知る由もなかったが、それは〝共同被告〟志願者の男が口にすると弁護士から聞かされていた〝合言葉〟なので、すっかり失望したミミは、開き直って自分の部屋の番号を告げ、真夜中にやって来るように告げる。ガイには何のことか分らないが、命令された通り彼女の部屋へ行く。やがて誤解は解け、ガ

［上］『空中レヴュー時代』（1933）［下］『コンチネンタル』（1934）ジンジャー・ロジャーズ、フレッド・アステア

イが恥しい仕事をしている卑しい男ではないことを知ったミミは大喜びする。そこへ、ほんものの〝共同被告〟志願者であるイタリア人（エリック・ローズ）が現れるので、またもや話がもつれる。外では人々が「コンチネンタル」を盛大に踊っている。ミミとガイも加わる。ここは「夜も昼も」と並ぶこの映画の見せ場だ（但し、この場面は映画の物語とは何の関係もない）。

翌朝、ミミの夫がホテルへやって来る。ミミは不貞を働いたふりをするが、それが芝居であることをすぐに見抜いた夫は相手にしない。そこへホテルの給仕（エリック・ブロア）が登場し、ミミの夫について、「この方は別の御婦人と一緒にこのホテルへお見えになったことが何度もあります」と述べる。夫が背信行為を繰り返して来た証拠を摑んだミミは夫から解放され、ガイと結ばれる。

脇を固めるエドワード・エヴェレット・ホートンやエリック・ローズやエリック・ブロアは、いわばアステアとロジャーズの映画の常連で、『トップ・ハット』にも出演することになる。揃って達者な俳優で、笑劇風の彼等の演技は確かに面白いのだが、アステアとロジャーズの品のある歌や踊りには必ずしもそぐわない。つまるところ、『コンチネンタル』はミュージカルと笑劇とが十分に融合してはいない映画なのである。

続く『ロバータ』はパリのファッションの世界が舞台になっている。音楽はジェローム・カーン（一八八五〜一九四五）が担当し、「煙が目にしみる」や「ラヴリィ・トゥ・ルック・アット（見れば愛しい）」といった名曲が含まれているので、優雅で気品のある雰囲気が保たれている。

ハック・ヘインズ（アステア）がリーダーを務めるウォーバッシュ・インディアニアンズというバンドが、仕事でアメリカからパリへやって来た。一方、高級ブティックを経営しているロバータという婦人（実はアメリカ人で本名はミニーという）が急死したので、たまたまパリに来ていた彼女の甥ジョン・ケント（ランドルフ・スコット［一八九八～一九八七］）が後を継ぐことになる（ジョンはハックの親友で、彼のバンドのマネジャーをしているらしい）。しかし、彼はフットボール選手で、ファッションのことは全く分らないので、死んだロバータのもとでデザイナーをしていたステファニー（アイリーン・ダン［一八九八～一九九〇］）が共同経営者になる。ステファニーは実は革命を逃れてやって来たロシアの王女なのである。ステファニーとジョンとの間に恋が生れ、誤解や混乱を経た後、二人は結ばれる。一方、ハックはインディアナ州でのガールフレンドだったリジー（ロジャーズ）と再会する。彼女はロバータの上得意で伯爵夫人と称しており（もちろん、これは嘘だ）、ハックのバンドが仕事をすることになっているカフェの歌手でもある。リジーとハックもよりを戻す。

物語の中心になるのは、ステファニーとジョンとの恋愛の方である。アイリーン・ダンは美人で美声のソプラノだから申し分ないが、ランドルフ・スコットは二枚目ではあっても、どちらかというと武骨で田舎臭い（彼は歌も踊りもできなかった）。アステアとロジャーズが演じるのは物語においては脇役にすぎないが、二人が披露する歌や踊りの方が観客の記憶に長く残ることは確かであろう。

アステアが披露するナンバーの一つは「僕は踊らない」と題されているが、彼はこの曲の一部をピアノで演奏する。なかなか上手である。ちなみに彼はドラムやアコーディオンやハーモニカも演奏できた。また、あまり成功はしなかったが、ポピュラー・ソングの作曲も手がけた。「僕は踊らない」は、ハックと再会したリジーが彼を踊りに誘い、「とりわけ「コンチネンタル」を演じる時のあなたは魅力がある」などと歌っておだてるのだが（もちろん、このくだりは楽屋落ちである）、ハックはその気にならない。結局ハックは給仕たちによって無理に舞踏場へ連れて行かれ、複雑なソロを披露する。

映画の終り近くにファッション・ショーの長い場面が現れる。この場面のためにジェローム・カーンが作曲した歌が「見れば愛しい」である。音楽に乗って、ジンジャー・ロジャーズを含むモデル役の女優たちがガウンなどをまとって登場する。最後にロジャーズとアステアが「見れば愛しい」に合わせて踊る（途中に「煙が目にしみる」の曲もちょっと挿入される。この歌は、これより前の場面でアイリーン・ダンによって歌われたのだった）。

『ロバータ』はやや古風ではあるが、アステアとロジャーズの映画の中では最も優雅なものであろう。この映画を見ると、アステアの踊りは本質的に社交ダンス（ボールルーム・ダンス）であったことがよく分る。何かにつけて彼と比較されるジーン・ケリーは、現実の行動を様式化してダンスに仕立てるというバレエ的な手法を用いることがよくあった。アステアもそういうことをやったが、それはあくまでも例外である。

いずれにせよ、『ロバータ』に続く『トップ・ハット』においてアステアは一種の頂点を極め

『ロバータ』(1935)［上］アイリーン・ダン、フレッド・アステア［下］「僕は踊らない」
フレッド・アステア、ジンジャー・ロジャーズ

た。この映画の個々のダンス・ナンバーを吟味すると、彼のダンスの特徴がよく理解できるであろう。この場合に問題になるのは、第一に、そのダンスがソロかデュエットか群舞かである。第二に、デュエットなら、パートナーは誰かである（もちろん、ジンジャー・ロジャーズに決っているのだが、彼女がどんな服装をしているか、あるいはどんな仕事をしているかといった点は考慮せねばならない）。第三にダンスはどんな場所で行われるか、屋内か屋外か。

まず、最初の「ノー・ストリングズ」だが、これはアステアのソロで、ホテルの一室で演じられる（ただ、アステアは踊りの後半では階下にいるロジャーズの存在を意識している）。次の「今日はすてきな日じゃないか」はデュエットで、ロジャーズは乗馬用の服を着ている（従って彼女の女性らしさはあまり強調されてはいない。また、この映画のロジャーズの役はプロの芸能人ではない）。場所は公園だから一応は屋外だが、話はそれほど簡単ではない。二人がいるのは屋根のある建物である。その上――これは決定的な設定だと私は思うが――激しい雨が降っているので、二人はこの建物に閉じこめられている。つまり、この建物は他の世界から切り離された閉鎖的な空間になっているのである。そしてこの空間で二人の親近感が深められるのだ。他の作品を見たら一層明瞭になるのだが、アステアは明らかに限定的な空間を好んだ。また、カメラによって常に全身が捉えられることを望んだ（タップダンスの場合に足がクローズアップで捉えられるのを彼は嫌った）。要するに、彼のダンスは映画的と言うよりむしろ舞台的なものだったのである。

あらゆるミュージカル映画を通じていちばん広く知られている場面は、『雨に唄えば』の中でジーン・ケリーが雨の中で歌ったり踊ったりする、あのくだりではないかと思われるが、ケリーはこの場面でかなり長い距離を移動する。おそらくアステアにはこういうやり方は考えられなかったであろう。そもそも彼には雨に濡れて踊るという発想は浮かばなかったであろう。「雨に唄えば」と「今日はすてきな日じゃないか」を比べると、この二人の大スターの根本的な違いが実によく分る。

次の「シルクハットと白いネクタイと燕尾服」は男性コーラスを従えた群舞だが、アステアのソロが重要な部分になっている。場所はパリの街頭だから野外になるのかも知れないが、全体はあるショーの一場面と想定されているから、やはり劇場の舞台という限定された空間に属すると考えるべきだろう。

「頬寄せて」はロジャーズ相手のデュエットである。そして「ピコリーノ」はもちろん群舞だが、結局のところ、アステアは群舞がそれほど好きではなかったのではないかという気がする。相手の反応を確認しながら踊ることができるデュエットも彼は楽しんだに違いないが、強いて言うなら、彼はひとりで踊る時にいちばん安心していたのではないかと私は思う。しかし、彼はこの後もさまざまな実験を続け、あらゆる可能性を探ろうとした。そして時には自らの方法を戯画化したり対象化したりすることもいとわなかった。

3

RKOにパンドロ・S・バーマン（一九〇五〜九六）というプロデューサーがいた。アステアとロジャーズが共演した映画のうち、『コンチネンタル』から『気儘時代』に至る七本を製作した人物だが、ある時、アステアとロジャーズの映画を新鮮なものに保つためにどんなことをしたのかと問われたバーマンは、「そのために二つの公式を使い分けたのだ」と答えた。最初の『コンチネンタル』にはアステアとロジャーズだけを出演させた。次の『ロバータ』にはアイリーン・ダンとランドルフ・スコットも出演したから、これは四人の映画になった。その次の『トップ・ハット』では、またアステアとロジャーズだけになった。そして『艦隊を追って』ではもうひとつの公式に戻り、ハリエット・ヒリアード（一九〇九〜九四）とランドルフ・スコットも出演した。バーマンはそう述べている。

彼の言葉を額面通りに受け取るのは考えものではないかと、私は思う。男女を一組にするか二組にするかというのは、それほど複雑な工夫ではないし、この後の彼は二つの公式を交互に用いるやり方を守ってなどいないからだ。それより何より、『艦隊を追って』は欠点の目立つ映画であり、問題は主としてスコットとヒリアードの関係を描いた場面にあるのだ。ただ、バーマンは別の工夫もした。『コンチネンタル』『ロバータ』『トップ・ハット』のアステアとロジャーズは、富と洗練の世界の住人たちだった。だが『艦隊を追って』の登場人物は、身分が高くはなく、優雅さとは縁遠い。バーマンがアステアとロジャーズに敢えてそういう人物を演じさせたのは、おそらく彼にとっては冒険だったのであろう。

さて、ベイク・ベイカー（アステア）とビルジ・スミス（スコット）は水兵で、親友だ。二人が乗っている軍艦がサンフランシスコに入港し、二人は上陸する。そして仲間の水兵たちと一緒に安っぽいダンスホールを訪れる。ビルジはホールの入口で、眼鏡をかけた色気のない女と知り合うが、全く心を動かされない。逆に女の方ではビルジが好きになる。この女がコニー・マーティン（ヒリアード）で、彼女はこのホールで歌手兼ダンサーとして働いている姉のシェリー・マーティン（ロジャーズ）を訪ねてやって来たのである。姉の助言を受けたコニーはビルジを懸命に追い回す。とうとうビルジは彼女の誘惑に屈する。

一方ベイク・ベイカーは元はダンサーだった（アステアはロジャーズと共演した十本の映画のうち八本では、プロのダンサーの役で出演している。例外のひとつは『気儘時代』で、アステアは精神分析医だが、この医者は本当はダンサーになりたかった。もうひとつの例外が『艦隊を追って』なのだが、元はダンサーだったのだから、この作品は例外と呼ばない方がいいのだろう）。ベイクはかつてはシェリーと組んで仕事をしていたのだが、彼女に結婚を申し込んで断られたので、芸能界を捨てて水兵になった。ところが彼は思いがけずシェリーに再会し、驚く。シェリーの方でも彼を忘れてはいなかった。二人はよりを戻す。

この映画は二組の男女が結ばれるまでを辿るのだが、その過程でアステアとロジャーズの魅力的な踊りが何度も披露される（もちろんスコットは歌も踊りもできない。ヒリアードは歌は歌えたが、踊れなかった)。実はこの映画は興行的には大成功を収めたのだが、それはなぜなのだろうか。当時のヨーロッパではヒトラーが力を得て不穏な空気が漂っており、アメリカ人は軍隊というものに対する関心を深めていたのだと説くひとがいる。また、この映画は『錨を上げて』(ジョージ・シドニー監督[一九一六~二〇〇二]、一九四五年)とか『艦隊は踊る』(ロイ・ローランド監督[一九一〇~九五]、一九五五年)とかといった〝水兵もの〟とでも呼ぶべき一群のミュージカル映画の先がけとして捉えることができるのであり(第二章で言及した『海上の女たち』はこういう作品をも意識して作られている)、当時の観客には既に歓迎する素地があったと考えることもできよう。しかし、この映画の最大の魅力は、やはり、『トップ・ハット』に続いてアーヴィング・バーリンが提供した名曲の数々と、それらを歌い踊ったアステアとロジャーズの仕事にあった。

ふたつだけ例を挙げよう。ひとつは、「私は全部の卵をひとつの籠に入れている」である。「私はかつては大勢の相手の間をさまよい歩いた、そして痛い目に遭った。これからはすべての卵をひとつの籠に入れる。もっているもののすべてをあなたに賭ける」といった詞がついている。

ある事情で、ベイクとシェリーは軍艦でチャリティ・ショーを行うことになったのだが、その稽古という想定でこの歌は披露される。まずアステアが古いピアノの調子を整え、曲の一部を演奏し(アステアはこの映画でもピアノを弾いたのだ)、それからロジャーズに向って歌いかける。ロジャーズが歌い、二人は踊り出す。ところが、二人のステップが揃わなかったり、二人がぶつかったりする。これはダンスと言うよりダンスのパロディ——もっと厳密に言うなら、アステアとロジャーズのデュエットのパロディ——なのだ。

『艦隊を追って』（1936）ジンジャー・ロジャーズ、フレッド・アステア

もうひとつは「音楽に向き合って踊ろう」だ。「この先、厄介なことが待っているかも知れないが、月光と音楽と愛とロマンスがある間は、音楽に向き合って踊ろう。間もなく、月は消え、口ずさむ歌も変るだろう。そうなれば、涙を流すかも知れない。だから、今は音楽に向き合って踊ろう」といった詞がついている。なお、「音楽に向き合って」と訳したくだりの原文は「フェイス・ザ・ミュージック」で、これは「自分が招いた面倒な事態から逃げずに、堂々と向き合う」といった意味の慣用句である。バーリンはこの言い回しを字義通りの意味と慣用的な意味の両方で使っている。

このナンバーはチャリティ・ショーの一場面として披露される。アステアはモンテカルロのカジノであり金を残らずすってしまう。彼は正装しているのだが、もはや社交界の人々は誰も彼を相手にしない。絶望した彼はポケットからピストルを取り出し、それをこめかみに当てるが、その時、ひとりの女が海へ身を投げようとしているのが目に入る（ロジャーズである）。彼は慌てて彼女をとめ、彼女にピストルとからになった財布を見せ、それらを海へ投げ捨てる。そしてロジャーズに歌いかけ、彼女を誘って踊る。ただ、二人は恋人同士ではなくて赤の他人であり、しかも二人とも絶望的な状況におかれているのだから、踊りが順調に展開する筈がない。当然ながら、二人の踊りには硬さが伴う。逆境にある人物が同じような人物に向って「強く生きよう」と語りかけたり歌いかけたりするのは、芝居や映画ではよく起ることだが、このナンバーはそういうものを茶化しているのである。アステアもロジャーズも大真面目に、また厳かに演じているから余計におかしい（但し二人のどちらかが、これがパロディであるという事実を自覚していることを、どれほど僅かでも観客に伝えたら、このナンバーは根底から崩れてしまうであろう)。

『艦隊を追って』はアステアとロジャーズとの共演作品としてはまだ五作目だった。アステアは早くもこの段階で自分の仕事を距離をおいて捉えるようになっていたのである。こういう傾向は、次作『有頂天時代』では更に顕著になる。この作品は、アステアとロジャーズの共演作品はこれ一本となるジョージ・スティーヴンズが監督を務めている。また、すべての歌の作曲をジェローム・カーン、作詞をカーンと一緒に仕事をすることが多かったドロシー・フィールズ(一九〇四〜七四)が担当している(『ロバータ』では、カーンの貢献は一部にとどまっていた)。

物語はおよそ次の通りだ。ヴォードヴィル一座の芸人のジョン・ガーネット、通称「ラッキー」(アステア)は、故郷の婚約者と挙式しようとするが、仕事仲間たちのいたずらのせいでズボンがなくなったため、式に出席することができなかった。気を悪くした婚約者の父親は、まとまった金を用意するまで結婚は許さないと、ラッキーに告げる。彼はひと山当てるためにニューヨークへ向うが、金がないので貨物列車に無断で乗る(大恐慌の時期には、こういうことがよく行われた。この映画は珍しく大恐慌に言及している)。ニューヨークに着いたラッキーはダンス教師をしているペニー・キャロル(ロジャーズ)と知り合い、親しくなる。二人はあるクラブのオーディションを受け、仕事を得る。やがて二人は結ばれる。なお、ヴィクター・ムーア(一八七六〜一九六二)が演じるラッキーの親友ポップと、ヘレン・ブロデリックが演じるペニーの親友メイベルとが脇役として喜劇的な演技を披露している。

アステアとロジャーズの映画の例に洩れず、この物語もかなりいい加減である。ただ、ミュージカル・ナンバーのいくつかがダンスというものの本質を記号論的に吟味しているという事実は注目される。映画が始まると間もなく、「ピック・ユアセルフ・アップ（立ち上がって）」というナンバーが現れる。ラッキーはペニーからダンスのレッスンを受けようとするが、一向にうまく行かず、何度も転倒する。彼はペニーに助けを求める。ペニーは「立ち上がって、ほこりを払って、最初からもう一度」と歌って応じる。だが、事態は少しもよくならず、今度は二人揃って転倒する。さじを投げたペニーは「貴方には全く才能がありません。お金を無駄にするのはおやめなさい」と告げる。ダンス教室の経営者のゴードン（エリック・ブロア）は腹を立ててペニーをくびにする。アステアは「この方はなかなか有能な先生だから、もう一度試させて下さい」と言い、打って変って達者な踊りを披露する。

アステアが天才的なダンサーであることを知らない観客はいなかったであろうし、かりにいたとしても、アステアが演じるラッキーがプロの芸人であることは既に伝えられているのだから、この男が思うところあってわざと下手に踊っていることを観客は理解したに違いない。最後に経営者のゴードンだが、この人物はペニーが教師として有能だから、生徒がめざましい上達ぶりを見せたと思いこむ。彼はすぐさまペニーを再雇用するばかりか、ペニーとラッキーにあるナイトクラブのオーディションを受けることを勧める。ゴードンは素人の視点を代表しているのであり、この場面ではそれは不可欠なのだ。

だがこの場面は、ミュージカルのダンス・ナンバーというものについて、もっと本質的な問題を提供している。おおむねのナンバーは即興であり、演者の自発性に支えられていると、一応は考えられる。たとえば『トップ・ハット』の「ノー・ストリングズ」や「頬寄せて」は、確かにそういうナンバーである。しかし、『艦隊を追って』の「私は全部の卵をひとつの籠に入れている」は、チャリティ・ショーのだしもの——つまり、即興ではなくてあらかじめ準備されているナンバー——ということになっており、しかも演者たちは頻繁に踊りそこねる。そして『有頂天時代』の「立ち上がって」は、踊りの稽古ないし学習という行為そのものをダンスに仕組んだナンバーなのである。アステアは何度も何度も転倒するが、ミュージカルというものを少しでも知っている観客なら、こういう失敗の部分を含めて、このナンバーが綿密に構成されていること、演者たちは稽古を重ねたに違いないことに思いを致すに違いない。

　ミュージカルでは、普通にしゃべっていた人物が不意に歌い出したりするから、気持が悪いとか不自然だとか言うひとが時々現れる。こういうひとは、ミュージカルの踊りについても同じ不平を言うに違いない。だが、こういうひとはある分り切った事実を忘れている。ミュージカルは——いや、ミュージカルに限らず、あらゆる劇や映画は——現実そのものではなくて現実のイメージなのだ。それは不可避的に何ほどかの嘘を含んでいる。「立ち上がって」というナンバーの作者や演者たちは、いわば開き直って、こういう嘘を観客に見せつけているのだ。

　ラッキーは親しくなったペニーのアパートを訪れる。そしてピアノを弾きながら、やがてスタンダード・ナンバーになった歌「ザ・ウェイ・ユー・ルック・トゥナイト」、「今宵の君は」という邦題で知られている歌を歌う。「いつか僕がひどく気が滅入った時には、今宵の君を思い出しただけで、心が温まるだろう。今夜の君の姿はいつまでも忘れられない」といった歌である。では、この歌が歌われている時、ペニーは何をしているか。彼女は浴室で髪を洗っている。浴室から現れた彼女の頭はシャンプーだらけで真っ白になっている。これが「今夜の君の姿」なのである。ペニーの出現は、歌のロマンティックな詞を揶揄することになる。

さて、オーディションを受けたラッキーとペニーは、シルヴァー・サンダルというクラブの仕事を得た。このクラブでラッキーが出演するショーという想定の「ハーレムのボージャングルズ」というナンバーが披露されるが、映像についての遊びという視点からすると、これは甚だ興味深いナンバーである。かつてビル・ロビンソン（一八七八～一九四九）という著名な黒人のタップダンサーがいたが、このナンバーはいわば彼に対する讃歌である（「ボージャングルズ」は彼のニックネイムだった）。アステアはブラックフェイスで登場するが、彼がブラックフェイスという手法を採用したのは、この時だけだった。

アステアは最初は女性のコーラスと一緒に踊る。やがてコーラスが退場し、アステアがひとりになると、舞台奥のスクリーンに三人の男性の巨大な影が映る。男性たちはアステアと寸分たがわぬ動きを見せる。観客は男性たちはアステアの影なのだと思うだろう。かなり経ってからアステアは不意に静止するが、影は踊り続ける。とうとう影たちは疲れ果てて踊りをやめる。

別々に撮影した映像を合成するという手法が後年の『ブルー・スカイ』の「プッティン・オン・ザ・リッツ」のナンバーでも用いられたことには既にふれた。ただ、『アステアが踊る』の著者ジョン・ミューラーは、両者の間には微妙な違いがあることを指摘している。「ハーレムの

『有頂天時代』（1936）［上］「ピック・ユアセルフ・アップ」フレッド・アステア、ジンジャー・ロジャーズ［下］「ハーレムのボージャングル」フレッド・アステア

ボージャングルズ」の場合、三人の影がアステアのものであるかどうかが、かなりの時間明らかにされなかったので、観客は振付よりもこの問題に注意を奪われてしまった。そこで、「プッティン・オン・ザ・リッツ」では、いくつもの影はアステアとは別の存在であることが、早い段階で示されたというのである。いずれにせよ、踊りそのものを見せるだけでなく、カメラを使ってその踊りと戯れるという手法に、アステアが強い興味を抱くようになって行ったことは確かである（このやり方が一種の頂点に達した作品が、いずれ論じる予定の『恋愛準決勝戦』である）。

『有頂天時代』は「二度と踊りはしない」という大がかりなナンバーによって事実上結ばれる。故郷にいた婚約者がニューヨークへやって来たので、アステアは彼女と結婚する覚悟を決める。一方、ロジャーズにはバンドリーダーの恋人がいる。二人は別れるほかない。去ろうとするロジャーズに向ってアステアは歌いかける――「(僕を襲った）狼は足だけは残しておいてくれた。だが僕は二度と踊る気はない」。二人はためらったり、激しく求め合ったりしながら優雅で感動的な最後の踊りを披露する。踊りが終ると、ロジャーズはさっと姿を消し、残されたアステアは思いに沈む。もちろん、これで映画が終る筈はない。アステアの婚約者は別の男が好きになっていた。これまでは実にいやな男として描かれていたロジャーズの恋人は、どうしたわけかもの分りのいい人間となり、身を引く。

『有頂天時代』によってアステアとロジャーズの最良の時期は終ったと私は思う。次の『踊らん哉』は、ガーシュウィン兄弟がこの二人のために歌を作った唯一の作品で、歌はすばらしいのだが、物語が馬鹿馬鹿しすぎる。アステアが演じるのは、ピーター・P・ピーターズという有名なバレエ・ダンサーで、ペトロフというロシア風の名を名乗っている。ところが彼はタップダンスに非常に興味がある（これは楽屋落ちである）。ペトロフはリンダ・キーン（ロジャーズ）というポピュラー音楽の歌手でダンサーである女性の写真を見て一目ぼれし、いずれは彼女と結婚したいと決意する（いくら何でもこれは度が過ぎよう）。つまり、クラシック・バレエの世界とポピュラー音楽（とりわけジャズ）の世界とを対比させた物語で、この発想はリチャード・ロジャーズとロレンツ・ハートのミュージカル『オン・ユア・トーズ（爪先立って）』（一九三六年初演）から得たものだった。映画はパリで始まるが、ペトロフはやはりパリにいるリンダがある船でニューヨークへ向おうとしていることを知って、同じ船に乗り、彼女に接近する。ところが、二人は既に結婚しているらしいという噂がひろがる。ニューヨークに着いた二人はさまざまの混乱に巻き込まれるが、とうとう本当に結婚し、それからあらためて離婚しようとする。最後には二人は結ばれる。

ナンバーの中では、別れを前にしてペトロフがリンダに向って歌う「誰も奪えぬこの思い」がよく知られている。「君の帽子のかぶり方、君が茶をするやり方、そういうものを僕から奪うことは誰にもできない」といった歌である。この歌はアステアとロジャーズが十年ぶりに共演した『ブロードウェイのバークレー夫妻』（一九四九年）でも歌われた。また、「何もかも水に流そう」もしゃれた歌である。ニューヨークのセントラル・パークで、アステアとロジャーズが互いの発音の違いに象徴される二人の間のずれに言及し、それからローラースケートを履いて踊り、最後に草むらに倒れこむ。

アステアとロジャーズは次に『気儘時代』で共演するのだが、アステアはその前に初めてロジャーズぬきでミュージカル映画に出演した。それが『踊る騎士《ナイト》』（ジョージ・スティーヴンズ監督、一九三七年）である。この映画の歌もガーシュウィン兄弟が書いた。原題の『ア・ダムゼル・イン・ディストレス（囚われの姫君）』は、どこかに監禁されている高貴な身分の女性を指し、普通はひとりの騎士が現れて彼女を救出することになっている。古来、数多くの物語や絵画の主題となって来た設定だ。映画では、姫君に該当するのは、ジョーン・フォンテイン（一九一七〜二〇一三）が演じるイギリスの貴族令嬢、騎士に該当するのはアステアが演じるアメリカ人のダンサーになっている。ただ、フォンテインは歌も踊りも全くできなかった（彼女はアステアと一緒に館の庭を散歩する場面で、踊りめいた動きをちょっと見せるだけである）。アステア以外に歌や踊りを担当したのは、ジョージ・バーンズ（一八九六〜一九九六）とグレイシー・アレン（一八九五〜一九六四）という夫婦のコメディアンだった。この二人とアステアが遊園地で遊ぶ場面があるが、そこで三人は、「ランアラウンド」（あるいは「ウーンパー・トロット」）と呼ばれる芸を披露する。これは何人もの俳優が列を組んで走りながら舞台をぐるぐるまわって観客を笑わせる芸で、ヴォードヴィル時代のアステアと姉のアデルの得意芸になっていた。また、この映画ではアステアがドラマーの腕前を存分に発揮する。こういうものを見せてくれるのは有難いが、映画は全体としては面白さに欠ける。

［上］『踊らん哉』（1937）フレッド・アステア、ジンジャー・ロジャーズ［下］『踊る騎士』（1937）左からフレッド・アステア、グレイシー・アレン、ジョージ・バーンズ

なぜアステアはこんな仕事をしたのだろうか。アステアとロジャーズが共演した映画のうち七本を製作したパンドロ・S・バーマンは、『踊る騎士』でもプロデューサーを務めたが、彼によるとその頃のアステアはロジャーズとの仕事を続けることにうんざりしていたらしい。もはやどうでもいいことだが、ロジャーズが嫌いだったと言うより、同じ相手役と同じようななかみの映画に出演し続けることがいやになっていたのだろう。何か変ったことをやりたいと彼は考えていたに違いない。だが、「これは我々が作った最悪の映画だった」とバーマンは述べている。興行的にも失敗だった。アステアの映画が赤字になったのはこれが初めてだった（その前の『踊らん哉』も、期待したほどの興行収入を上げることができなかった）。

アステアが再びロジャーズと共演した『気儘時代』も、新しいことをいくつも試みてはいるが、必ずしも成功してはいない。アステアの役はフラッグ博士という精神分析医である。つまり、彼は初めてダンサーではない役を演じた（但し、この男は若い時はダンサーになりたかったのだが、精神分析の結果、それは誤りであることが判明したので断念したという設定になっている）。彼は親友のスティーヴン（ラルフ・ベラミー［一九〇四〜九一］）から、恋人のアマンダ（ロジャーズ）が自分との結婚に踏み切らないので診てほしいと頼まれる。フラッグ医師に逢ったアマンダは、自分がこの医師を愛しているという夢を見る。フラッグは彼女を催眠術にかけ、彼女はスティーヴンを愛していること、自分を嫌っていることを吹きこむ。その後で、フラッグは自分自身がアマンダに惹かれていることに気づく。そこでもう一度彼女を催眠術にかけ、吹きこんだことを忘れさせようとするが、邪魔が入って果せなかった。アマンダとスティーヴンの結婚式の当日、フラッグは式場へ忍びこみ、アマンダを無意識状態にして、彼女が本当は自分を愛していることを吹きこもうとする。そこへ彼の出現を知ったスティーヴンが激怒して、彼を殴ろうとするが、誤ってアマンダを殴ってしまう。無意識状態になったアマンダにフラッグは、彼女が自分を愛している旨を吹きこむ。アマンダはスティーヴンではなくフラッグと結婚式を挙げる。

野暮を承知で言うが、恋愛感情とは自主性、自発性を伴うものではないのだろうか。アステアはこれまでの映画では大抵はロジャーズに一目ぼれしたが、それは催眠術にかけられたからではなかった。ロジャーズが医師を愛している夢は、彼女の隠れた本心、彼女が自分では意識していなかった事実をあらわにしたものだったと解されるであろう。だが、その後の彼女は催眠術によって翻弄され続ける。このことが科学的に正しいかどうか私は知らないが、観客はこれで満足したのだろうか。アステアとロジャーズが結婚するならそれでいいと、観客は思ったのだろうか。

『闇の中の女』（一九四一年初演）というミュージカルがある。台本をモス・ハート、作詞をアイラ・ガーシュウィン、作曲をクルト・ワイル（一九〇〇～五〇）が担当した。ファッション雑誌の編集長を務めている中年女が精神分析を受けるという物語だが、この作品の医師は患者の夢を分析しながら、辛抱強く彼女の本心を探り、彼女がどの男を愛しているかを突きとめる。決して患者に催眠術をかけて何かを暗示したりはしない。夢がナンバーに仕立てられている点は同じでも、『気儘時代』の精神分析はひどく安っぽい。

この映画には、それまでのアステアの映画にはなかった特徴がいくつも認められる。まず、場面は基本的には屋外だ。劇が始まると間もなく、あるカントリー・クラブでアステアがサーカスめいた芸を見せる。彼はまずハーモニカを演奏しながらタップを踏む。ついでゴルフのクラブをもち、タップを踏み続けながらボールを打つ（ちなみにアステアはゴルフが大好きだった）。ロジャーズの夢の場面では彼女とアステアの長いダンスが披露されるのだが、途中でスローモーションが用いられる。夢だからこういうことも許されると思われたのであろう（なお、アステアは『イースター・パレード』でもスローモーションを用いた。アステアがこの手法を採用したのは二度だけである）。この場面のために、アーヴィング・バーリンが「君と出会うまで色のない世界で生きていた」という歌を作った。「私は色のない世界で生きていた。でもあなたに逢った今では、草は緑、月は金色、空は青い」といった詞の歌である。この場面はカラーで撮影される予定だったが、もはやアステアの映画なら必ず当るという保証はなかったので、金のかかる予定は実行されなかった。この場合に限らないが、この映画ではバーリンの歌は必ずしも生かされていない。

自分がアマンダに惹かれていることを悟ったフラッグは、鏡に映る自分と対話する。鏡に映っているのは自分の潜在意識で、本気でアマンダに求愛するように勧める。現実のフラッグはそれに反対するが、とうとう潜在意識が説くことを受け入れる。ジーン・ケリーが主役を演じた『カバーガール』（チャールズ・ヴィダー監督〔一九〇〇～五九〕、一九四四年）という映画があるが、この作品にも、あることで思い悩むケリーが町を歩きながら、ショーウィンドーに映る自分と対話する（そして踊る）という場面が現れる。もちろん、別々に撮影した場面を合成したのである。『気儘

『気儘時代』（1938）［上］左からフレッド・アステア、ジンジャー・ロジャーズ、ラルフ・ベラミー、ルエラ・ギア［下］「君と出会うまで色のない世界で生きていた」ジンジャー・ロジャーズ、フレッド・アステア

時代』でも同じ手法が使われたに違いない（この場面については後の章で詳述する）。

次の『カッスル夫妻』は、ヴァーノン・カッスル（一八八七〜一九一八）とアイリーン・カッスル（一八九三〜一九六九）という実在の俳優夫妻の伝記映画である。ヴァーノンはイギリス生れでアメリカへ渡り、やはりダンサーだったアイリーンと結婚した。二人はブロードウェイ・ミュージカルで活躍した。二人が演じた二十世紀初頭の踊りや歌が再現されており、それはそれで楽しいのだが、映画そのものには特筆するほどの長所はない。映画内でアステアとロジャーズがやがて結婚することは、少なくとも一部の観客には最初から分っている。それまでの映画に見られた恋愛感情の高まりはほとんど認められない。

この映画が公開された一九三九年には、観客はアステアとロジャーズの映画にもう飽きていた。アステアもロジャーズも観客以上に自分たちの仕事に飽きていた。二人の共演が打ち切られるのは不可避だった。幸い、アステアはそれからもミュージカル映画への出演を続けた（ロジャーズは劇映画への出演を主な仕事とするようになった）。そしてRKOと契約していた時にはやれなかったことをやるようになった。たとえば男性をダンスのパートナーに選んだりした。だが、これ以後のアステアの仕事で最も目立つのは、ミュージカル・ナンバーそのものを対象化、意識化する傾向である。そのために、カメラの使い方を工夫するようになった。やがて彼が出演するミュージカル映画は、それまでの彼の仕事を戯画化するものにさえなった。アステアは異端者となったのである。

『カッスル夫妻』(1939)ジンジャー・ロジャーズ、フレッド・アステア

ＲＫＯを離れるまでのフレッド・アステアは、幼稚な芸術にすぎなかったミュージカル映画を大人の鑑賞に堪えるものにした。彼はいわばミュージカル映画の正統を確立させたのだった。この仕事の最も重要な協力者はジンジャー・ロジャーズだった。特定の男優と特定の女優がこれほど多くのミュージカル映画で共演した例は、その前はもちろん、その後もひとつもない。

第四章　ジュディ・ガーランドの仕事と人生

1

ジュディ・ガーランドは晩年を主としてコンサート活動に費やした。『スタア誕生』（一九五四年）から『ニュールンベルグ裁判』（一九六一年）までの七年間、映画の仕事はなかった。その後、更に二本の映画に出演したが、薬物と酒に害され、神経を病むようになった彼女を出演させようとする映画会社はもうなかった。

その代りというわけではないが、彼女のコンサートはどこでも評判がよかった。特に記憶されているのは、一九六一年四月二十三日（日曜日）にカーネギー・ホールで行われたコンサートである。これは後に二枚組のＬＰとなったが（現在はＣＤが入手できる）、そのライナー・ノーツによると、この日の聴衆には、ロック・ハドソン、ハロルド・アーレン、ベティ・コムデン、アドルフ・グリーン、マーナ・ロイ、リチャード・バートン、アーサー・シュウォーツ、キャロル・チャニング、ヘンリー・フォンダ、ジュリー・アンドルーズ、スペンサー・トレイシーといった芸能界の有名人が含まれていた。

この文脈でこんなことを言うのが滑稽であることは承知しているが、実はこのコンサートは私自身も〝出席〟していた。前年九月からコロンビア大学大学院で学ぶようになり、ブロードウェイやオフ・ブロードウェイの芝居を熱心に見歩いたが、もちろんガーランドのコンサートの入場券も発売されるとすぐに買った。

コンサートはオーケストラが演奏する「序曲」によって始まった。序曲は「トロリー・ソング」「虹の彼方に」「去って行った彼」というガーランドのヒット曲――それぞれ『若草の頃』『オズの魔法使』『スタア誕生』で彼女が歌った歌――をつないだものであった。序曲が終るとガーランドが舞台に登場し、何の前置きもなしに「君微笑めば」を歌い始めた。それから彼女は時々語りを交えながら、一回の休憩をはさんで三十曲ほどの歌を歌った。すべてよく知られているスタンダード・ナンバーだった。終り近く、ガーランドはジーン・ケリーと共演した映画『フォー・ミー・アンド・マイ・ギャル(僕と彼女のために)』の同名の主題歌を歌ったが、彼女に促されて観客も唱和した。それから、彼女は「トロリー・ソング」や「虹の彼方に」や「スワニー」を披露した。続くカーテンコールで、彼女はライザ・ミネリを登場させた。

ガーランドは生涯に五度結婚したが、ライザ・ミネリはガーランドの二人目の夫だった映画監督ヴィンセント・ミネリ(一九〇三~八六)との間に生れた娘である。一九四六年生れだから、当時は十代半ばだったことになる。カーテンコールでは、ガーランドは「君去りし後」と「シカ

ジュディ・ガーランド（『オズの魔法使』［1939］）

ゴ」を歌ったのだが、ライザ・ミネリは母親と一緒に「シカゴ」を歌い、ちょっとしたダンスを披露したように記憶している。

カーテンコールの最後に、ガーランドは舞台の前に進み出、そこで待機していた観客たちと手を触れ合った。ガーランドがコンサートに出演するのはそれが初めてではなかったから、最後にこういう儀式が行われることを知っている観客もたくさんいたに違いない。私の近くにいた中年の女性が〝ヴィー・ラヴ・ユー〟と大声で叫んだ。コンサートは、ファンと言うより大勢の信者が集う宗教的な儀式を思わせるものだった。

この頃のガーランドにとって最も身近な存在は、シド・ラフト（一九一五〜二〇〇五）というハリウッドのプロデューサーだった。一九五二年から六五年までの間、二人は夫婦だった。ガーランドの五回の結婚のうち、いちばん長続きしたのはラフトとの結婚である。この夫婦はローナという娘（一九五二年生まれ）とジョーイという息子（一九五五年生まれ）に恵まれた。ガーランドの家庭生活がいちばん安定していたのは、疑いなくこの時期だった。

ラフトは『スタア誕生』（ジョージ・キューカー監督［一八九九〜一九八三］）にもプロデューサーとして名を連ねている。コンサートの計画をガーランドに勧めたのも彼だった。彼女の最初のコンサートは、一九五一年四月にロンドンの劇場ロンドン・パレイディアムで行われた。ラフトには『ジュディと私──ジュディ・ガーランドとの私の人生』（二〇一七年、未訳）という回想録があるが、それを読むと、コンサートの様子がよく分る。

ガーランドが国外に出るのはこれが初めてだったが、彼女は飛行機に乗るのをいやがり、船で大西洋を渡ることにした。ラフトはそれとなく同行を求められたが、断った。船だとどうしても人目につくが、まだガーランドと正式に結婚してはいなかったので、「ボーイフレンド」扱いされるのを恐れたのである。結局、彼は飛行機でイギリスへ向い、コンサート前夜にガーランドと合流した。

コンサートの最初のナンバーはガーランド自身の作詞・作曲の「アット・ロング・ラスト・ヒア・アイ・アム（とうとう私はここにいる）」だったが、途中でガーランドは涙を抑えられなくなった。観客は声を上げて彼女を元気づけた。落ち着いた彼女は、ヴォードヴィルに出演していた頃の感覚を取り戻し、観客に語りかけたり、歌いなれたナンバーを次々に披露したりした。コンサートは大成功だった。コンサートのなかみがどれほど細かく計画されていたのかは分らない。だが、ガーランドのコンサートの型のようなものが、この最初のコンサートで出来上がったような気がする。翌一九五二年、ガーランドはパレス劇場――何度かコンサート会場に選ぶことになるブロードウェイの劇場――で、アメリカでの最初のコンサートを催す。

ところで、ラフトの回想録が著者の死後十年以上経つまで出版されなかったについては、何か事情があるのではないかと思う人がいるかも知れない。実はラフトは生前に回想録の原稿を完成させることができなかった。原稿は一九六〇年で止まっていた。そしてこの年、ラフト夫妻に破局をもたらすことになる事件が起っていたのである。すなわち、ガーランドはフレディ・フィールズ（一九二三〜二〇〇七）とデイヴィッド・ベゲルマン（一九二一〜九五）という二人のプロデューサーを新しいエイジェントに選んだ。ガーランドは彼等を信用していたが、この二人は実はかなりいかがわしい人物であったらしく、彼女の出演料が横領されていた疑いが生じて、訴訟沙汰になった。結局ベゲルマンは自殺し、フィールズは業界から葬り去られた。そしてガーランドは無一文になった。

ラフトの遺稿は、やがてランディ・L・シュミット（一九六七〜）という著作家が加筆し、全七章の本として出版された。最後の二章は、ラフトが生前に行っていたインタヴューなどを利用してシュミットが新たに書き足したものである。

カーネギー・ホールのコンサートのことは第六章で扱われているが、たとえばこういう記述が現れる——

私たちはカーネギー・ホールを見下ろすホテルにチェックインし、午前三時頃までトランプをした。とうとう彼女が寝入った。彼女は薬はのまないと約束していたが、念のために私は夜通し起きていた。

だが、この文を書いたのはラフトではなくてシュミットである。シュミットはラフトの文体をうまく真似ているので、不注意な読者は、この本の原稿はすべてラフトの手になったのだと思いこむかも知れない。

一九六七年夏に、ジュディ・ガーランドは古巣のパレス劇場にもう一度出演した。娘のローナと息子のジョーイも舞台に現れた。結果的には、それはこの劇場での最後のコンサートになった。その頃には彼女とラフトは既に離婚していたが、仕事上のつき合いは続いていたらしく、コンサートはラフトがプロデュースしている。

映画『明日に向って撃て！』（一九六九年）、『大統領の陰謀』（一九七六年）などのシナリオを書いたウィリアム・ゴールドマン（一九三一～二〇一八）という作家がいたが、この人に『シーズン』（一九六九年、未訳）という著書がある。一九六七年から六八年にかけてのブロードウェイのシーズンのすべての演目を上演順に採り上げ、ブロードウェイ演劇のさまざまな側面や問題を精細に分析した本で、今でもこの分野についての教科書のように扱われている。著者が最初に吟味するのは、六七年八月二十六日にパレス劇場で行われたガーランドのコンサートの千秋楽である。コンサートの進行をほとんど分刻みで辿ったこの章を読むと、この頃には彼女のコンサートは完全に宗教的な集会と化していたことがよく分る。たとえば、「その晩九時半、ショーの第一部が終ろうとする頃には、広いロビーはほとんど満員になっていた」という記述が現れる。なぜ観客（と言うより、聴衆）は客席ではなくてロビーにいるのか。ショーの第一部に出演するのはいわば前座の芸人たちで、ガーランドが出演しないことは誰もが知っているからである。だが九時五十分には、ほとんどの聴衆が席についている。九時五十二分になると、拍手が始まるが、それにまじって不安げな会話が聞こえる。「本当にジュディは……」「まさかジュディが……」といった調子である。ガーランドが健康上の問題を抱えていることはよく知られていたから、コンサートが間違いなく行われるかどうか、人々は不安なのだ。事実、一九六一年のカーネギー・ホールのコンサートの折にも、ガーランドは直前まで楽屋で嘔吐し続けていたという記録が残っている。不謹慎な言い方をしてよければ、開演前に不安になることも、聴衆は予想していて、そういう気分をもいくらか楽しんだのかも知れない。

九時五十七分になると、一階席の聴衆はすべて後方を振り向いた。ガーランドが客席後方から登場することを知っていたからである。カーネギー・ホールのコンサートでは、彼女は序曲が終るとすぐに舞台に登場したが、この頃には登場のしかたが変っていたらしい。十時に客席の照明が落ち、間もなく序曲の演奏が始まった。拍手が高まる。十時五分になり、聴衆全員が起立する。十時七分にようやくガーランドが姿をあらわし、愛嬌をふりまきながら、客席中央の通路を舞台に向って歩いて行く。

コンサートの模様をこれ以上詳しく辿ることは控えるが、十一時三十二分にちょっとした事件が起った。中央の通路にいたひとりの男が「虹の彼方に」と叫び、まわりの人々が憤慨したのだ。「虹の彼方に」は最後に歌われることになっている、そんなことは誰でも心得ている、この段階でこの歌を要求するような無知なやつは赦せない——そう人々は感じたに違いない（実際には、ガーランドは十一時三十四分に「虹の彼方に」を歌い始めた）。コンサートが終った時には、花束などを用意した聴衆が大勢、既に自分の席を離れ、舞台の前につめかけていた。そして十一時四十三分、ガーランドは待ちかねた人々との触れ合いを始めた。

このコンサートについて最も印象的なのは意外性の徹底的な欠如という現象である。ほとんど

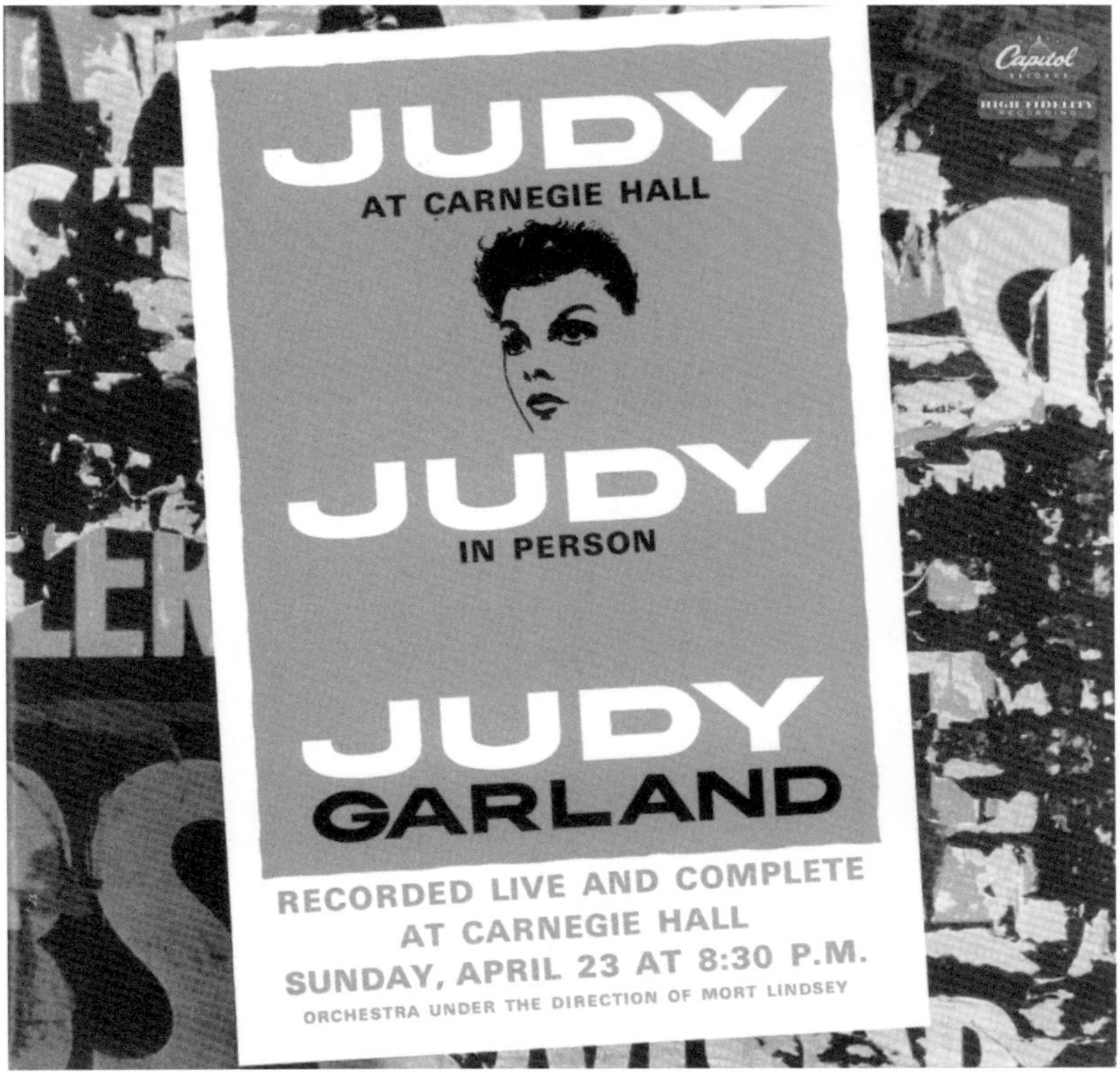

「ジュディ・アット・カーネギー・ホール」（1961）レコード・ジャケット

の聴衆は既視感を抱いており、すべてが予想通りに進行することから満足感を得るのである。ウィリアム・ゴールドマンは、ガーランドの熱心なファンには男性同性愛者が多かったと述べている。ガーランドが苦難の多い人生を送ってきたことは誰もが知っていた。男性同性愛者は（少なくとも一九六七年当時は）まだ激しい差別を受け、苦労していたから、そういう自らのあり方をガーランドのあり方と重ね合わせていたというのだ。おそらくそういうこともあったであろう。だが、ガーランドのファンは男性同性愛者だけではない（ゴールドマンは、千秋楽の聴衆のうち、明らかに男性同性愛者らしいひとは、せいぜい四分の一程度だっただろうと述べている）。それ以外の人々はガーランドのどこに惹かれたのだろう。もちろん、苦労に耐えてきた彼女に同情し、彼女に敬意を表しようとしたひともいたに違いない。しかし、多いか少ないかはともかく、ガーランドを好奇心の対象として捉えた人々もいただろうという気がする。敢えて言うなら、ガーランドの苦難は聴衆にとって必要なのだった。有名人に対して大衆は考えられないほど残酷になることがある。カーテンコールでの触れ合いは、眼前にいるのが、残酷な好奇心の対象としてのガーランドその人であることを最終的に確認するための儀式でもあったに違いない。逆説的に聞こえるかも知れないが、儀式は他ならぬガーランド自身にとっても必要だったのではないかと思う。

2

最も有名なガーランドの映画は『オズの魔法使』（ヴィクター・フレミング監督［一八八九～一九四九］、

一九三九年）である。この映画はＬ・フランク・ボーム（一八五六〜一九一九）の『すばらしいオズの魔法使い』（一九〇〇年）という児童文学を原作としている。

ボームの小説では、あらゆることが現実に起った事件として提示されている。しかし、映画『オズの魔法使』では、不可思議な事件はドロシーが見た夢のなかみなのだということになっている。おそらくこの設定を明示するために、映画の作者たちはボームの原作には含まれていないカンザスでの生活を描く長い導入部をつけ加えた。なお、映画のシナリオはノーエル・ラングリー（一九一一〜八〇）、フローレンス・ライアソン（一八九二〜一九六五）、エドガー・アラン・ウルフ（一八八一〜一九四三）という三人の人物が執筆したことになっているが、シナリオには大勢の人物が関わったのであって、ラングリーたちが参加した時には、導入部を加えることは既に決っていた。

映画が始まると、白黒（と言うよりセピア）の画面が現れる。愛犬のトトを連れたドロシー（ガーランド）が息を切らして走って来る。家へ駆け込んだ彼女は、エム叔母さんとヘンリー叔父さんに向って、ミス・ガルチがトトをいじめたと訴えかけるが、作業で忙しい夫婦は取り合わない（ミス・ガルチは意地の悪い大地主の中年女であることが、間もなく判明する）。この農場には三人の作男がいる（これも原作とは異なる点だ）。ハンク（レイ・ボルジャー［一九〇四〜八七］）、ジーク（バート・ラー［一八九五〜一九六七］）、ヒッコリー（ジャック・ヘイリー［一八九七〜一九七九］）だが、ドロシーは彼等とも仲がいい（この三人は、それぞれ案山子《かかし》、ライオン、ブリキ男としてドロシーの夢の中に登場する）。

悩みを抱えたドロシーは、悩みのない世界を夢見て歌う。この歌が「虹の彼方に」である。この映画の歌はすべて、E・Y・ハーバーグ（一八九六～一九八一）が作詞、ハロルド・アーレン（一九〇五～八六）が作曲を担当した。ドロシーの夢想を破るかのように、ミス・ガルチ（マーガレット・ハミルトン［一九〇二～八五］）が登場する（この女優は、後に西の悪い魔女を演じる）。トトが自分の脚にかみついたとこぼし、保安官に訴えてトトを処分することにしたと、ミス・ガルチは人々に告げる。そしてトトは連れていかれそうになるのだが、この犬はうまく逃れて家へ戻って来た。

なお心配なドロシーは犬を連れて家出する。そしてマーヴェル教授と名乗る人物（フランク・モーガン［一八九〇～一九四九］）に出会う。この男は占い師で、祭りの折などに芸を披露するらしいが、どうやら食わせ者であるようだ（彼はオズの魔法使としてドロシーの夢に現れる）。叔母さんが心配している様子が見えるなどと告げられたドロシーは慌てて帰宅するが、その時にはサイクロンが接近していた。ヘンリー、エム、作男たちは庭にある避難所へ逃れ、難を免れるが、逃げ遅れたドロシーとトトは家に閉じ込められる。

風に飛ばされていた家はやがて静止する。ドロシーが扉を開けると、外は不思議な世界だ（映画はここからカラーになる）。ドロシーは「トト、ここはもうカンザスじゃないような気がするわ」という有名な台詞を語る。脱出願望をもった少女の夢が実現したのである。ここからしばらく、ほぼ原作通りに物語は進行するが、もちろん歌や踊りが加えられている。マンチキンの人々は「ディンドン、魔女は死んだ」と歌い、ドロシーは「魔法使に会いに行こう」と歌う。

『オズの魔法使』宣伝用写真。左からジャック・ヘイリー、レイ・ボルジャー、ジュディ・ガーランド、フランク・モーガン、バート・ラー

ドロシーはまず案山子に出会う。この役を演じたレイ・ボルジャーも、ブリキ男の木こり役のジャック・ヘイリーもライオン役のバート・ラーも、ヴォードヴィル出身の芸達者な俳優だったが、とりわけボルジャーは滑稽なダンスの名手として知られていた（と言うより、この映画で本格的な踊りを披露するのは実はボルジャーだけである）。彼は「人間並みの頭がほしい」と歌い、手足が硬直したような踊りを見せる。つまり、彼は自分が人間ではなく案山子であることを表現し、その上で案山子が懸命にやりそうな——そして、滑稽で魅力のある——動きをせねばならないのだ。編集の段階で削除されたが、実はこのダンスはもう少し長いものだった。

『ザッツ・ダンシング！』（一九八五年）という映画があった。ミュージカル映画のダンス場面を集めた作品だが、実際には使われなかった場面も少しまじっていた。そのひとつはボルジャーの案山子のダンスだった。ボルジャーはカラス相手に滑稽な芝居をしたり、空中高く飛び上ったりする（もちろん彼は宙吊りになっているのである）。道路のフェンスにぶつかると、フェンスはゆがむ。彼が離れると、フェンスは原形に戻る。

次にドロシーは、心（心臓）をほしがっているブリキでできた木こりの男、そして勇気をほしがっている臆病なライオンに出会う。木こりもライオンも、案山子と同じメロディで同じように複雑な脚韻を含む詞の歌を歌う。一同はエメラルド・シティへ進んで行くのだが、この間に西の悪い魔女が何度も現れ、一同を脅したり呪ったりする。

やっと一同はエメラルド・シティに辿り着く。「楽しいオズの国、笑いでいっぱい」という歌が流れる。オズの魔法使は、西の悪い魔女のほうきをもって来るように命じる。ここからは、活劇風の場面が続く。結局、ドロシーに水をかけられた魔女は溶け去り、一同は魔女のほうきをもってオズへ戻る。食わせ者であることを暴かれた魔法使はその事実を認め、案山子には免状を、ライオンには勲章を、ブリキ男には彼のやさしさを評価するしるしとして大きな時計を与える。もちろん、この世で本当に大事なのは人間の内面であり、こういう目に見える品物ではないのだと、彼は言いたいのであろう。そして魔法使は、原作通り、気球でこの地を離れることにするが、その前にエメラルド・シティを治める仕事を案山子に託し、ブリキ男とライオンが案山子に協力することを求める。そして、これまた原作通り、気球は魔法使だけを乗せて行ってしまう。残されたドロシーはグリンダ（北の良い魔女、演じるのはビリー・バーク［一八八四〜一九七〇］）の助言に従って無事にカンザスへ戻る。

ここから映画の冒頭と同じくセピア色の画面になり、ドロシーはベッドで「わが家ほどすばらしい場所はない」といったうわごとを言っている。彼女は目を覚まし、ヘンリーとエム、夢の中であったハンクやジークやヒッコリーやマーヴェル教授に再会する。虹の彼方の世界に憧れていた彼女は、その世界は実はわが家に他ならないことを悟ったのである。また、彼女と同行してエメラルド・シティへ赴いた人々は、揃って現状について不満を抱いていたが、さまざまの試練を経て、知恵や勇気を既に獲得していた。要するに、『オズの魔法使』という映画は、分りやすくはあっても、極めて感傷的で古風な教訓を伝えようとするものなのだ。そして、この教訓はドロシーの冒険は実は彼女の夢だったとする設定によって補強されている。

しかし、ドロシーは本当に夢を見ていたのであろうか。二〇一一年七月に、私はロンドンでアンドルー・ロイド・ウェバー（一九四八〜）が歌を書き足し、制作にも協力した『オズの魔法使』の公演を観た。この舞台でも、最後にドロシーはわが家の寝室で目を覚ます。その時、突風のせいで戸棚の扉が開く。すると一足の赤い靴が見える。ドロシーは夢を見たのではなくて、すべてを実際に経験したのだろうか。曖昧さを残して作品は終る。

だが、映画『オズの魔法使』の最大の問題は、主役をジュディ・ガーランドが演じたことの是非ではないかという気がする。シナリオには、ドロシーは十二歳だと明記されている。ガーランドは当時十六歳だった。一人前の大人ならともかく、十代の女性の場合、四年という時間はかなり大きな意味をもつだろう。その上、彼女は映画俳優として既に相当の経験を積んでいた。現実の彼女はうぶでも世間知らずでもなかったのだ。ドロシー役の有力候補のひとりはシャーリー・テンプル（一九二八〜二〇一四）だったが、ガーランドは彼女のような可憐な美少女ではない。

ドロシーという人物は、ものごとや言葉を表面的な意味においてしか理解できないが、それが愚かさに見えてはならない。別の言い方をするなら、「トト、ここはもうカンザスじゃないような気がするわ」という台詞が、無邪気さを装っている少女の発言のように聞こえるようだったら具合が悪いのだ。その後のガーランドの人生がどんなものであったかを知っている者には、ガーランドは無垢でも可憐でもなく、むしろ痛々しい存在に見えてしまう。

3

ジュディ・ガーランドのミュージカル映画で誰よりも多く相手役を演じた男優はミッキー・ルーニー（一九二〇～二〇一四）だった。二人の本格的なコンビ作品は『青春一座』（バズビー・バークリー監督、一九三九年）である。原題は『ベイブズ・イン・アームズ』――直訳すると「武装した子供たち」となるが、これは「未熟者」「青二才」といった意味である。一群の若い芸人たちが自作のショーを上演し、成功するという物語だ。ロレンツ・ハートが詞、リチャード・ロジャーズが曲を書いたブロードウェイ・ミュージカルが原作になっている。

映画は一九二一年に始まる。ジョー・モーランとフローリー・モーランというヴォードヴィル芸人の夫婦が男の子をもうける。時は一九三九年となり、ミッキーと名づけられたこの子（ルーニー）は順調に育っているが、ヴォードヴィルは映画に押されて人気がなくなっている。モーラン夫妻は復活を期して地方公演を試みるが、失敗に終る。よく言えばやる気満々、悪く言えば生意気なミッキーは、もっと若い観客に受けるショーを自分が作ろうと言い出す。モーラン夫妻の娘モリー（ベティ・ジェインズ［一九二一～二〇一八］）、やはりヴォードヴィル芸人の娘であるパッツィ・バートン（ガーランド）なども参加することになる。

ある日、ミッキーは子役のスターだったロザリーという娘（ジューン・プライサー［一九二〇～八四］）と知り合う。彼女は金持の娘で、芸能界に復帰したいと考えているので、ミッキーは彼女に接近する。上演資金を出させようとたくらんでいるのである。当然、彼女にはいい役を与えねばならない。ミッキーに好意を抱いているパッツイは落胆し、仕事をおりることにして、ある劇場に出演している母親に会いに行く。母親は「お前のお父さんもお祖父さんもミンストレル芸人だったが、舞台に穴をあけたことは一度もなかった」と言う。反省したパッツイはミッキーのもとへ戻る。

ロザリーの父親が現れ、娘が芸能界に復帰することなどありえないと告げて、強引に娘を連れて行く。そしてロザリーの役はパッツイが演じることになる（この展開は『四十二番街』を思い出させる）。ショーは野外の劇場で上演されたが、嵐のせいで途中で打ち切られた。ただ、大物のプロデューサーがこの作品に注目し、それを本格的に上演しようと言い出す。彼はジョー・モーランを一種のコーチとして雇うことにする。これで彼の顔は立ったので、気まずくなっていた息子のミッキーとの関係は元に戻る。もちろん、ショーは大成功となる。

私がこの映画について強く感じるのは、『オズの魔法使』の場合と違ってジュディ・ガーランドがいかにものびのびと芝居をしていることである。幼い時からヴォードヴィルに出演していた彼女は、大抵の十六歳の少女よりも世間を知っていたに違いない。ところが彼女は『オズの魔法使』では、無邪気で無知な十二歳の娘を演じることを強いられた。しかもまわりは大人ばかりだ。それでいて、物語においてはドロシーは主役である。これで神経が参らなければおかしいだろう。

だが今度は、二歳年上で、やはりヴォードヴィルの経験が豊かなミッキー・ルーニーを始め、若い出演者が大勢いた。確かに彼女は時に神経質な表情を見せることがある。だが、「グッド・

モーニング」「あなたは私の幸運の星」「ブロードウェイ・リズム」などといったアーサー・フリードが作詞を担当した歌――やがて『雨に唄えば』で再利用されることになる歌の数々――を彼女は歌う。これが快くなかったはずはない。そう言えば、作詞家だったフリードも、この映画によってプロデューサーの仕事を本格的に始めたのだった。

もうひとつ忘れてはならないのは、これがバズビー・バークリーのMGMでの初監督仕事だったという事実である。彼が関わった大きなナンバーは三つある。まず、「武装した子供たち」だ。「世間の人々は私たちを馬鹿にするが、私たちはそんな者ではない」といった詞を大勢の若者たちが歌いながら街路を行進して行く。やがて広場にやって来た若者たちは盛大に焚火をする。ワーナー時代のバークリーはダンサーたちを俯瞰で捉えて複雑な模様を現出させたりしたが、この映画ではそういうことは全くしない。ダンサーたちが街路という平面を移動するのを捉え、画面に溢れる若者のエネルギーを伝えるだけである。

二つ目のナンバーは「父さんはミンストレル芸人だった」で、野外の公演で披露される。出演者たちはブラックフェイスで、伝統的な歌を交えながら踊る。ブラックフェイスという手法は差別的であるとして、やがて避けられるようになったが、当時はまだ許容されていた。

三つ目のナンバーは、映画の大詰に現れる――つまり、本格的な劇場で演じられるという想定の――「神の国」である。出演者たちが、アメリカがいかにすばらしい国であるかを（ナチが支配するドイツなどを念頭におきながら）歌い上げる、素朴で愛国的なナンバーである。やはり、大勢のダンサーが登場する。ルーニーとガーランドは大統領夫妻を演じる。

この映画は大ヒットとなった。バークリーはルーニーとガーランドが共演する映画を更に三本手がけ(『ストライク・アップ・ザ・バンド』[一九四〇]、『ブロードウェイ』[四一]、『ガール・クレイジー』[四三])、続いて、ジーン・ケリーのハリウッド・デビュー作『フォー・ミー・アンド・マイ・ギャル(僕と彼女のために)』(一九四二年)の監督もつとめた。厳密に言うと、ガーランドをルーニー以外の男優と共演させる企画があり、ケリーが選ばれたのである。彼はブロードウェイ・ミュージカル『パル・ジョーイ』(一九四〇年初演)の主役などを演じていたが、映画の観客にはまだそれほど知られてはいなかった。『僕と彼女のために』は第一次世界大戦当時のヴォードヴィル芸人たちの生活を描いた作品である。

アイオワ州の田舎で、ハリー・パーマー(ケリー)という芸人がジョー・ヘイドン(ガーランド)という芸人と知り合う。ハリーは自己中心的で厚顔無恥で恐ろしく上昇志向の強い男で、ニューヨークのパレス劇場の舞台に立つのが夢である。彼はジョーを口説き、自分と組んだらパレス劇場に出演できるようになるだろうと言う(既に述べたが、この劇場は後年のガーランドが何度もコンサートを催した場所だ)。ジョーはいやがるが、ハリーの誘いに負けてあるカフェへ行き、一緒にこの映画の主題歌にもなっている「僕と彼女のために」を歌い踊る。これは一組の若い男女がやがて結婚して幸せな家庭を作ろうと歌う歌である。ハリーと意気投合したジョーは彼と組むことを承諾する。ジョーは今はジミー・メトカーフ(ジョージ・マーフィー[一九〇二〜九二])と組んでおり、しかも彼とは恋仲なのだが、寛大なジミーは彼女がハリーと組むことを認める。

［上］『青春一座』（1939）「神の国」ミッキー・ルーニー、ジュディ・ガーランド［下］『ブロードウェイ』（1941）ジュディ・ガーランド、ミッキー・ルーニー

（いずれ詳しく論じるが、マーフィーは『踊るニュウ・ヨーク』でフレッド・アステアと共演した）。

予想外に時間がかかったが、やがてハリーとジョーにパレス劇場から声がかかる。ところが、ハリーに召集令状が届いた（アメリカが参戦したのだ）。ハリーはせっかくの仕事を逃すのがいやで、トランクの蓋の金具で右手を傷つけ、徴兵を忌避する。そのことを知ったジョーは、フランスで戦っていた弟が戦死したという報せを受け取ったばかりでもあったので、ハリーの卑怯な振舞いを激しく非難し、絶交を宣言する。

反省したハリーは兵士を慰問するためにフランスへ渡り、危険な戦場にも出かける。そして、やはり兵士の慰問に来ていたジョーに出くわし、和解する。戦争が終り、二人はパレス劇場で再会する。二人が結婚することが暗示されて、映画は終る。

この作品にはいくつもの問題点がある。まず、ハリーは自分の出世にしか関心のない、恥知らずで身勝手な男なのだろうか。それとも、その場その場に応じて無責任なことを言う軽薄な男なのだろうか。どうやら後者らしいが、観客がこの人物に共感できる余地が皆無になると、映画そのものが成立しなくなるだろう。もちろんケリーは――そしてガーランドも――好感のもてる演技者だが、演技者自身の個人的魅力だけで一本の映画を支えるのはかなり困難ではないかという気がする。

役柄としては、マーフィーが演じるジミーのほうが断然魅力がある。彼はどれほど損な役回りになっても、いささかも感情的になることなく、黙って身を引く。そして、ハリーとジョーの運

『フォー・ミー・アンド・マイ・ギャル』（1942）左からジョージ・マーフィー、ジュディ・ガーランド、ジーン・ケリー

命が激変する時には、ほとんど必ずジミーが居合わせる。別の言い方をするなら、この人物はハリーとジョーの物語が都合よく展開するための道具として用いられているのだ。

技術的な面では、ミュージカルと称しながら歌や踊りと物語との結びつきが弱すぎる。ナンバーが物語を進めるようになってはいないのである。ほとんどのナンバーはヴォードヴィル芸人の演技や兵士を慰問する芸人たちの演技というかたちをとっている。演出のバズビー・バークリーも、ワーナー時代の作品の場合と違って、才気をひけらかすことは控え、人物同士の関係を手堅く描くことに専念している。

但しナンバーそのものは実に魅力がある。大部分の歌は映画オリジナル曲ではなく第一次大戦の頃に広く歌われたもので、映画が公開された頃にはまだよく知られていた。また、ケリーやガーランドやマーフィーの歌と踊りはすばらしい。クレジットで謳われてはいないが、振付にはケリーも手を貸した。そしてガーランドの踊りは、ルーニーと共演した作品の場合よりもずっと上達している。

興行的にもこの映画は大ヒットとなった。ケリーとガーランドは、この後、『踊る海賊』（一九四八年）と『サマー・ストック』（一九五〇年）という二本の作品でも共演した。そしてバズビー・バークリーは、しばらく干されていたが、『私を野球に連れてって』（一九四九年）で、もう一度ケリーと一緒に仕事をした。これはケリーとフランク・シナトラ（一九一五～九八）が野球選手を演じるという映画である（ケリーとシナトラは一九四五年に公開された『錨を上げて』で共演したことがあった）。二人の選手は野球のシーズンが終ると、ヴォードヴィルの劇場に出演する。内容はかなり出鱈目だが、楽しい作品である。選手たちが所属するチームのオーナーは女性なのだが、プロデューサーのアーサー・フリードは、この役をジュディ・ガーランドに演じさせようとした。しかし彼女は、とてもこの映画に出演できるような状態ではなかった。彼女の健康が悪化していなかったら、ケリー――あるいはフレッド・アステア――と共演する作品が更に何本も作られていたに違いない。

ガーランドのその後の映画で、興行的に最も成功したのは『若草の頃』(ヴィンセント・ミネリ監督、一九四四年)だった。ミネリがガーランドと一緒に仕事をするのは、これが初めてだったが、やがて二人は結婚する。映画はサリー・ベンソン(一八九七〜一九七二)という作家が週刊誌『ニューヨーカー』に発表した一連の短篇を原作としている。一九〇四年にセントルイスで万国博覧会が開かれたが、これに先立つ一年間にスミスという姓の家族がさまざまの――率直に言うと、あまり劇的ではない――経験をする。それを辿るのがこの映画である(映画の原題は『セントルイスで逢いましょう』となっている)。

スミス家には、祖父、父親と母親、四人の娘と一人の息子、そして家事を手伝う中年(初老と言うべきか)の女性が暮している。九人というのはかなりの大家族だが、当時のアメリカの地方では、この程度の大家族は別に珍しくもなかったと考えられる。

映画は一九〇三年の夏に始まる。人々は一年後に迫った博覧会のことで浮かれている。ガーランドが演じるのは次女のエスターで、この人物が主人公だが、当時二十一歳だった彼女は十七歳の娘を演じるのを最初はいやがったそうだ。

エスターは最近隣の家へ引っ越してきたジョン（トム・ドレイク［一九一八〜八二］）という少年が気になっている（ガーランドは「隣の家の男の子」という痛切な歌を披露する）。スミス家で開かれたパーティに招かれてジョンがやって来たので、エスターは彼と知り合う。客たちが帰ると、エスターは「家中のガス灯を消して回りたいが、こわいから一緒に来てくれ」とジョンに頼む。実は彼女は、暗くなったらジョンがキスしてくれることを期待していたのに、ジョンは彼女と握手し、「君は女の子にしては握力が強いね」などと言うので、エスターはがっかりする。

しかし、彼を思う気持が消えることはない。ある時、エスターは路面電車に乗り、ジョンを懸命に探す。乗客たちは「トロリー・ソング」を歌い始める。エスターは遅れてやって来たジョンが電車を追い、とうとう飛び乗るのを見て元気になる。喜んだ彼女も歌い出す。電車の動きや電車が発する音についての描写が、ジョンに一目ぼれした時の自分の心（と言うより心臓）の状態の描写にもなるという歌である。もちろん、これはガーランドがコンサートで必ず披露する歌になった。「トロリー・ソング」で夏のくだりは結ばれる。

次いで秋になり、ハロウィーンの夜である。スミス家の末娘で四歳のトゥーティ（マーガレット・オブライエン［一九三七〜］、この子が早熟であることは既に示されていた）が顔に怪我をして帰って来る。ジョンに暴力を振るわれたという妹の言葉を信じたエスターは、ジョンの家へ押しかけて激しく抗議する。しかし、トゥーティが悪質ないたずらをやり、警官に捕まりそうになったところをジョンに救われたというのが真相だった。エスターはあらためてジョンに逢い、詫

『若草の頃』（1944）［上］「トロリー・ソング」ジュディ・ガーランド［下］ジュディ・ガーランド、トム・ドレイク

びる。二人は初めてキスする。一方、父親はニューヨークへ栄転することが決った。ところが家族の誰もそれを喜ばない。父親と母親は睦まじく歌う。父親の目に涙が浮ぶ。ここで秋の場面は終る。

次は冬で、クリスマスの日だ。パーティへ出かけたエスターは姉のローズが恋人のウォレンと結ばれることを知る。彼女自身もジョンに求婚される。彼女は、間もなくセントルイスを離れねばならないので落胆しているトゥーティに「楽しいクリスマスを」という歌を歌って力づける。その時、父親が家族一同を集めて、ニューヨークへ移ることはやめたと宣言する。一同は安堵する。

そして、一九〇四年の春になる。万国博覧会の初日だ。一同は会場へ出かけ、セントルイスのすばらしさと、この町で暮すことの幸せを噛みしめる。要するに、ニューヨークという大都会よりも、住み慣れたセントルイス、友人や知人が大勢いるセントルイスで暮す方がずっといいというのである。この結末には『オズの魔法使』の結末に通じるところがあると言えるだろう。『若草の頃』はミュージカルということになってはいるが、歌や踊りはほとんどガーランドひとりに委ねられている。彼女の歌は、物語を進行させていると言うより、むしろ映画の雰囲気を切り替えるものとして機能している。映画が公開された一九四四年には、アメリカはまだ戦争をしていたから、人々は、古い時代のアメリカの家庭の心温まる物語に接して救われた思いになったに違いない。男女の交際には一定の規律があり（少なくとも、規律があることになっており）、女性が男性に向って積極的に求愛することは考えられなかった。スミス家の男性たちは、自宅で食事をする時にもネクタイを締めている。

撮影が始まった時、ガーランドは最初の夫だった作曲家のデイヴィッド・ローズ（一九一〇～九〇）と別れたばかりだったが、やがてミネリと交際するようになった。映画の撮影が終り、編集作業に入った頃に、二人は一緒に暮し始めた。ミネリには『私はよく覚えている』（一九七四年、未訳）という回想録があるが（この題名はミネリ監督作『恋の手ほどき』［一九五八年］のある歌の一節である）、その頃のガーランドは既に薬物を常用するようになっていたそうだ。うぶで健全極まる娘を演じているのに、『若草の頃』のガーランドは神経質で疲れた表情を時々見せるような気がする。


ガーランドがジーン・ケリーと三度目に共演した『サマー・ストック』（チャールズ・ウォールターズ監督、一九五〇年）は、あまりできのよい作品ではない。

ガーランドが演じるジェインは、コネティカット州の田舎で農場を経営しており、オーヴィル（エディ・ブラッケン［一九一五～二〇〇二］）という保守的で面白みのない男と四年前から婚約している。ある夏のこと、この農場へ大勢の俳優がやって来た。ジェインは戸惑い、憤慨するが、実は彼女の妹で女優になりたいと願っているアビゲイル（グローリア・ディヘイヴン［一九二五～二〇一六］）が、姉に無断で、この農場の納屋を『恋に落ちる』という芝居を稽古し、かつ試演する場所として提供することにしたのだ（映画に現れる場面から判断すると、『恋に落ちる』はミュージカルと言うよりヴォードヴィルのような作品らしい）。アビゲイルは、『恋に落ちる』の作者で、一座を率いているジョー・ロス（ケリー）と恋仲である。最初は憤慨していたジェインは、次第に俳優たちに好意をもつようになり、たまたま作男たちがやめたところだったので、俳優たちに農場の仕事を手伝わせることにする。だが、もちろんうまく行くわけがない。この一座には、ハーブという男優がいる。この男はへまをやり続け、ジェインが新しく買ったトラクターを大破させてしまったりする。この役を演じているのはフィル・シルヴァーズ（一九一一〜八五）だが、彼はケリーが主役を演じた『カバーガール』（一九四四年）にも出演していた。引き立て役の滑稽な人物を得意とする俳優だった（私は一九六〇年に、ジュークボックス業界の駆け引きを扱った『ド・レ・ミ』というブロードウェイ・ミュージカルで主役を演じているシルヴァーズを見た。堅気ではない人物であるのに観客が好感を抱く、不思議な魅力のある俳優だった）。

ジェインとジョーは次第に惹かれ合うようになる。アビゲイルがもっといい仕事があると称してニューヨークへ行ってしまったので、ジョーはジェインを代役に立て、大成功を収める（これまた『四十二番街』あたりを思わせる、かなり無理な展開である）。婚約者が舞台に立つなどという許せないことをやったので、オーヴィルはジェインとの婚約を解消する。ジェインとジョーは晴れて結ばれる。なお、サマー・ストックとは、夏季に編成されたレパートリー劇団が保養地などで披露する芝居のことだ。従って、この映画の題名はやや不正確である。

この物語は型にはまりすぎており、先が読めてしまう。いくつかのナンバーも、凡庸というのが言い過ぎなら、無難なものにすぎない。その中で例外的に注目されるナンバーがふたつある。ひとつはケリーが「あなた、すばらしいあなた」という、既にこの映画で使われていた曲に合わせて踊る〝新聞紙のダンス〟である。夜更けの納屋にいたケリーは床板がきしんで音を立てることに気づく。彼はタップダンスを試み、床板がどう反応するかを観察する。次いで彼は床の上に一枚の新聞紙があるのを見て、その上でタップを踏んでみる。そして両足でその新聞紙を裂く。ところがこれがなかなかうまく行かない。クライヴ・ハーシュホーン（一九四〇〜）というイギリス人のジャーナリストが書いたジーン・ケリーの評伝（一九七四年、未訳）があるが、この本によると、このナンバーを完成させるために、ケリーはひどく苦労したそうだ。まず、新しい新聞紙だと容易に破れない。古い新聞紙だと簡単に破れすぎる。彼は靴を替えてみたが、数日経つと、靴そのものが変形してしまうことが判明した。試行錯誤を重ねた挙句、三か月以上前の新聞紙なら望み通りに破れることが分った。そこで、大量の古新聞を集めてこのナンバーを撮影した。

もうひとつの注目すべきナンバーは、ガーランドが男性ダンサーたちを従えて踊る「ゲット・ハッピー（幸せになれ）」である。彼女は男性用の黒いソフト帽をかぶり（それを彼女は少しずらし、右目を隠す）、男性用のタキシードの上着だけをつけ、黒いレオタードをはいた細くて長い両脚を見せ、福音派の集会を思わせる歌を歌いながら――「悩みなど忘れて、さあ、幸せになりなさい」――踊る。このナンバーは、ガーランドが映画で披露したすべてのナンバーの中でも最も広く知られているものであろう。

『サマー・ストック』の撮影はガーランドの体調のせいで遅れに遅れた。撮影が始まった時、彼女は明らかに太りすぎだった。映画の冒頭に、彼女が歌いながらシャワーを浴びる場面が現れる。肩から上がちょっと見えるだけなのだが、それでも、彼女がどうしようもなく太っていることは分る。しかし、三か月近く仕事を休んで減量に成功したガーランドは見事な体形に戻り、「ゲット・ハッピー」を完成させた。

『サマー・ストック』は、ガーランドとケリーが共演した最後の映画となった。それはMGMが彼女の主演で製作した最後の映画でもあった。

4

二〇一二年四月、私はボストンにいた。シェイクスピア・アソシエイション・オブ・アメリカ――日本語に訳したら「アメリカ・シェイクスピア協会」とでもなるのだろうか、要するにシェイクスピア研究者の団体で、「アメリカ」という名がついてはいるが、実際には非英語圏の研究者も大勢加入している国際学会である。学会に出席したあと、ニューヨークへ移動した。空港から、劇場街に予約してあったホテルへ向う途中、タクシーは五番街を東から西へ横断した。その時、運転手が「今日はイースターですよ」と言った。左を見ると、イースター・パレードが目に入った。アメリカ・シェイクスピア協会の大会はイースターに先立つ週末に開かれるのが慣例になっていたのだが、私はそのことを忘れていた。

その二日後、私はブロードウェイのベラスコー劇場でピーター・クウィルター（一九六五〜）作の『エンド・オブ・ザ・レインボウ（虹の涯）』という劇を観た（クウィルターはイギリスの劇作家で、この劇の初演は二〇〇五年にシドニーで行われた）。

『サマー・ストック』(1950)「ゲット・ハッピー」ジュディ・ガーランド

劇はジュディ・ガーランドの最晩年を扱っている。一九六八年の暮れに、彼女は六週間のコンサートに出演するためにロンドンへやって来た。彼女の五人目の夫となるミッキー・ディーンズも同行していた（ちなみに彼はガーランドより十二歳ほど年下だった）。ナイトクラブの経営者だったと称していたが、これはどうやら嘘であったらしく、彼が実はガーランドを食い物にしようとしているつまらない男であることが次第に明らかになる。そしてもう一人、ガーランドの伴奏者をつとめるアントニーというピアニストが登場する。ミッキーは実在の人物だが、アントニーは特定の人物に基づいてはいないようだ。彼は五年前にガーランドのメルボルンでのコンサートでも伴奏をつとめたという台詞が現れるから、ガーランドとは以前からつきあいがあり、ガーランドに信頼されている人物であることが分る。なお、彼は同性愛者である。ガーランドの身辺に男性同性愛者が何人もいたことはよく知られているから、おそらくアントニーというのは、そういう男たちを念頭においてクウィルターが創作した人物なのだろう。

この劇のガーランドは、気まぐれでわがままで情緒不安定でまことにつきあいにくい人物である。彼女はたえず酒と薬物を求めているが、男たちは何とかして彼女の要求を斥けようとする。彼女はコンサートの途中で勝手にホテルへ帰ったりすることさえあるが、男たちは彼女をなだめて仕事に戻らせる。その意味で、二人の男の間には協力関係が成立している。

同時に男たちは反目し合ってもいる。アントニーにはミッキーが食わせ者であることはよく分っている。また、彼はガーランドに深い愛情を抱いてはいるが、男と女として彼女とつきあうことは叶わない。だからミッキーに対して嫉妬する。一方ミッキーには、ガーランドとアントニーとの間には、ガーランドと自分自身との間にあるものよりもはるかに深い信頼関係があることが分るから、不愉快にならざるをえない。

こうして、この劇は三人の人物の葛藤を辿るのだが、随所にガーランドのコンサートを再現する場面が現れる（これらの場面では、舞台にバンドが登場する）。ガーランドの役は何人もの女優が演じていたらしいが、私が見たニューヨーク公演には、イギリスでこの役を演じて非常に好評だったトレイシー・ベネット（一九六一〜）が出演していた。小柄で外見もガーランドに似ていたが、歌が絶品だった。もちろんガーランドの真似をしているのだが、まるでほんものが歌っているように聞こえた。

劇の結びで、アントニーがこういう台詞を語る――

ジュディ・ガーランドとミッキー・ディーンズは、三月十五日にチェルシーの登記所で結婚しました……その三月《みつき》後、六月二十二日に――ジュディは死亡しました。薬物の過剰摂取が原因でした。四十七歳でした……ニューヨークでの葬儀の費用はフランク・シナトラが払いました。ジェイムズ・メイソンが弔辞を読み、二万人が棺に別れを惜しみました。会葬者の中には、ケーリー・グラント、サミー・デイヴィス・ジュニア、ディーン・マーティン、オードリー・ヘプバーンがいました。

一九六一年のカーネギー・ホールのコンサートの時と同じく、有名人たちが参集したのだ。だが、アントニーの台詞はこれで終るのではない。彼は言う——

他に、五人目で最後の夫となったミッキー・ディーンズもいました……そして、後方に……数人のピアノ弾きが……

ミッキー・ディーンズがいたというのは事実なのだろう。だが、ガーランドのかつての伴奏者たちが集まったというのも、同様に事実なのだろうか。そうかも知れない。この台詞はアントニーという人物の願望が——と言うより、作者ピーター・クウィルターの願望が——生み出したものだと思いたい。

第五章　ジーン・ケリーの実験

1

フレッド・アステアとジーン・ケリーの最大の違いは、踊る空間の捉え方にあったのではないだろうか。アステアはおおむね閉ざされ、限定された空間を好んだ。これに対してケリーは、無限定で開かれた、自由に動くことができる空間を好んだ。時には彼は自分が位置する空間に働きかけて、それを変えようとした。『サマー・ストック』の新聞紙のダンスは深夜の納屋という限定された空間で展開するが、それでもケリーは、たとえば床にある新聞紙を足で破ることによって、空間に何ほどかの改変を加えようとする。もちろん、新聞紙をいつどのように破るかについては、事前に綿密な計算がなされているに違いないのだが、それでも観客は、踊り手が自由意志によって空間を変えようとしていると感じるのではあるまいか。

空間と踊り手との関係を変えるいちばん簡単で明瞭な方法は、踊り手が移動することである。

たとえば、ある道路を先へ先へと歩いて行くのだ。スタンリー・グリーン（一九二三～九〇）というアメリカのミュージカル史家がいたが、彼は『ハリウッド・ミュージカル年代記』（一九九〇年、未訳）という本の中で、ジーン・ケリーの「ソロ・ストリート・ダンス」の代表例として、『カバーガール』の「アルターエゴ・ダンス」（分身のダンス）、『雨に唄えば』の「雨に唄えば」、『いつも上天気』の「僕は自分が好きだ」の三つを挙げている。

『カバーガール』（この作品はMGMではなくてコロムビアで製作された。コロムビアはMGMからジーン・ケリーを借りたのである）の物語はおよそ次の通りだ。ブルックリンでナイトクラブを経営するダニー（ケリー）と、そこで働くダンサーのラスティ（リタ・ヘイワース［一九一八～八七］）とは恋仲である。もうひとり、ジーニアスと呼ばれるコメディアンがいて（この呼び名は綽名であろう）、この役を演じるのは『サマー・ストック』にも出演していたフィル・シルヴァーズである。三人は仲がよく、一緒に行動することが多い。ある晩、三人は行きつけのバーへ行き、それから上機嫌で「明日に希望をつなごう」という歌を歌いながら踊る。これもグリーンが「ストリート・ダンス」と呼ぶものの例である。三人は今は貧しくて無名だが、明日への希望を抱いている。深夜のブルックリンの街路を辿りながら、三人はアパートへ帰る。言うまでもないが、ブルックリンの盛り場はマンハッタンの盛り場より格が下がる。

ところが、ラスティの運命が変りそうな事件が起る。あるファッション雑誌が、記念号の表紙を飾るカヴァー・ガールを探していたのだが、ラスティが雑誌発行者のジョン・クデア（オットー・クルーガー［一八八五～一九七四］）の目にとまり、カヴァー・ガールに選ばれた。しかも、クデ

『カバーガール』(1944)「明日に希望をつなごう」左からジーン・ケリー、リタ・ヘイワース、フィル・シルヴァース

アは若い時に、有名なヴォードヴィル芸人だったトーニー・パスター（一八三七〜一九〇八）の一座にいたマリベルという娘が好きになったことがあるのだが、彼女は実はラスティの祖母だったことが判明する（マリベルが出演するナンバーが回想形式で再現されるのだが、マリベルはやはりリタ・ヘイワースが演じる）。一気に有名になる機会がめぐって来たので、さすがにラスティも心が動く。ここでヘイワースとケリーが、別れが迫っていることを意識しながら、「ロング・アゴー・アンド・ファーラウェイ（遠い昔、遠い場所）」という物静かなバラードを歌う。この映画の歌はジェローム・カーンが曲、アイラ・ガーシュウィンが詞を担当したものが多いが、「遠い昔、遠い場所」は、二人の代表作のひとつである。

結局ラスティは恋愛よりも名声と富を選ぶ。彼女はクデアの友人で大プロデューサーのノーエル・ウィートン（リー・ボウマン〔一九一四〜七九〕）に気に入られ、彼が製作するブロードウェイのショーに出演する。ずっと独身を通して来たウィートンは、彼女に求婚する。

事情を知ったダニーは悩む。彼女のために身を引くべきか。それとも、彼女を懸命に引きとめるべきか。深夜のブルックリンを歩きながら、ダニーは自分の思いを述べる。但し彼は実際に声を出すのではない。彼のいわば意識の流れが声となって観客に聞こえるのだ。ダニーはショーウィンドーに自分が映っているのに気づく。そのまま通り過ぎようとすると、「勇気を出せ」「正直になれ」などと彼に呼びかける声が聞こえる。やがてショーウィンドーに映る彼の〝影〟は、道路に降り立ち、一緒に踊り出す。そして、実体と影とは別々の動きを見せるようになる。やがて、影は実体の両肩に手をかけ、実体をひょいと飛び越えたりする。たまりかねた実体がごみ入れの

『カバーガール』「アルターエゴ・ダンス」ジーン・ケリー

缶をショーウィンドーに投げつける。ようやく影は消える。これが「アルターエゴ・ダンス」である。

一方の踊りをまず撮影し、それに合わせて踊るところを撮影して両者を合成したのだ（実体は現実感があるが、影の方は半透明に見える）。基本的には「二重露出」の手法が用いられたそうだが、いずれにせよ、これが非常に複雑で手間のかかる場面だったことは確かであろう。既に言及したフレッド・アステアの『気儘時代』にも、これに似た場面が現れたが、もちろん『カバーガール』の場面の方が技術的にはずっと進んでいる。クライヴ・ハーシュホーンが書いたケリーの評伝によれば、ケリーは劇場の舞台では決してやれない、純粋に映画的な場面を作りたかったのだと語っている。

さて、ウィートンの求婚を受け入れたラスティは挙式寸前まで行くが、その時、クデアがあることを告白する。実は自分とラスティの祖母のマリベルも挙式寸前まで行ったのだが、マリベルは最後の瞬間に翻意したというのだ。それを聞いたラスティはウィートンの理解を求め、式場を後にしてダニーのもとへ戻る。

この物語は映画が公開された一九四四年には、既に古臭くて型にはまったものと感じられたに違いない。かりにラスティがウィートンと結婚して映画が終っていたら、観客は失望し、腹を立てていたであろう。実はジーン・ケリーはこの作品によってスターとして認められるようになったのだが、この段階で彼が早くも意欲的な実験を試みたことは注目すべきであろう。

スタンリー・グリーンの「ソロ・ストリート・ダンス」という言い方は、いくらか拡大解釈してもいいのではないだろうか。つまり、踊り手は複数でも差支えない、場所は街路でなくても構わないと考えるのだ。そうすることが許されるなら、複数の人物がある程度の広さをもった空間を踊りながら移動する場面を含む映画も議論に含められるだろう。そして、ジーン・ケリーの映画には、そういう作品が少なくとも二本あった。すなわち、『踊る大紐育』(一九四九年)と『ブリガドーン』(一九五四年)である。どちらも同じ題のブロードウェイ・ミュージカルを原作としていた。

『踊る大紐育』の原作となったミュージカル『オン・ザ・タウン』(一九四四年初演)には、更に下敷きがあった。すなわち『ファンシー・フリー』と題するジャズ・バレエである(「ファンシー・フリー」は、「自由な気分」というほどの意味である)。これは、二十四時間の休暇を許されてニューヨークに上陸した水兵たちが、懸命に女性を求め、その間に経験するさまざまの事件を描いた作品だ。レナード・バーンスタイン(一九一八〜九〇)が音楽、ジェローム・ロビンズ(一九一八〜九八)が振付を担当したが、二人が一緒に仕事をするのはこれが初めてだった。

『ファンシー・フリー』は好評だったので、本格的なミュージカルに仕立てられ、同じ年のうちに上演された。台本と詞はベティ・コムデン(一九一七〜二〇〇六)とアドルフ・グリーン(一九一四〜二〇〇二)が書いた(原題の「オン・ザ・タウン」は、「都会の夜を楽しむ」という意味の慣用句である)。物語はチップ、オジー、ゲイビーという三人の水兵を中心にして展開する。上陸した三人はまずニューヨークの素晴らしさを歌い上げる。チップは内気で、あまり女性経験もなさそうな青年であり、ガイドブック――実は時代遅れのガイドブック――と首っ引きで、限られた時間のうちにできるだけ数多くの名所を見ようと考えている。ところが彼はヒルディというタクシー運転手の女性と知り合い、彼女の強引な誘いに負けて、とうとう彼女のアパートへ行く。オジーはかなり女好きらしいが、自然史博物館で、人類学を研究しているクレアと知り合って意気投合し、彼女のアパートへ行く。たまたま彼女の婚約者が来ていたが、彼は稀に見るさばけた男で、「クレアが男が大好きであることは分っていた」と言い、席をはずす（初演では、俳優でもあるベティ・コムデンがクレア、アドルフ・グリーンがオジーを演じた）。

もう一人の水兵ゲイビーは純情な男で、自分は特定の女性ひとりを愛すると言っているが、たまたま「今月のミス地下鉄」に選ばれたアイヴィという女性の写真を見て一目ぼれし、何とかして彼女に逢いたいと願う。アイヴィを紹介するポスターには、彼女はカーネギー・ホールで歌の勉強をしている旨の文言が掲載されていたので、彼はこの劇場を訪れ、スタジオで歌唱のレッスンを受けていた彼女に運よく出会う。そしてその晩デートすることになる。

だがアイヴィは現れない。しかし、チップとヒルディ、オジーとクレアと一緒に、マンハッタンのあるナイトクラブにいたゲイビーは、アイヴィの歌の先生である女性から、アイヴィがコニー・アイランドにいることを教えられ、ひとり地下鉄に乗ってアイヴィのもとへ行く。実はアイヴィは、ゲイビーが想像していたような社交界の花形ではなくて、コニー・アイランドの安っぽい劇場のダンサーにすぎなかった。二人は再会を果すが、午前六時までに水兵たちは軍艦へ戻らねばならない。彼等に代って、別の水兵たちが上陸し、ニューヨークを讃えて歌う場面でこのミ

『踊る大紐育』（1949）左からジーン・ケリー、フランク・シナトラ、ジュールズ・マンシン

ュージカルは終る。
『踊る大紐育』はジーン・ケリーとスタンリー・ドネン(一九二四~二〇一九)が共同で監督と振付を担当した。ドネンはまだ少年だった頃に、ブロードウェイ・ミュージカル『パル・ジョーイ』にダンサーのひとりとして出演し、主役を演じていたケリーと知り合った。やがて、ドネンは助手のような立場でケリーと一緒に仕事をするようになった。

映画版はバーンスタイン作曲の歌をかなり捨て、代りにロジャー・イーデンズ(一九〇五~七〇)が新たに作曲した歌をいくつも使っている。大衆にとっては、バーンスタインの歌は難しすぎると考えられたのである。物語は基本的には舞台版のものを踏襲しているが、細部についてはさまざまの違いがある(映画のシナリオも、コムデンとグリーンが書いた)。チップ(フランク・シナトラ)がタクシー運転手ヒルディ(ベティ・ギャレット[一九一九~二〇一一])のアパートへ行くのは、舞台版通りだ(余計なことを言うが、内気で女性についてうぶな水兵を派手な女性関係で有名だったシナトラに演じさせるというのは、かなり大胆な試みだったのではあるまいか)。オジー(ジュールズ・マンシン[一九一五~七〇])がクレア(アン・ミラー[一九二三~二〇〇四])と意気投合するのも舞台版通りだが、オジーがクレアのアパートへ行くことはない。オジーとクレアの物語は、映画ではかなり軽視されている。

他方、ゲイビー(ケリー)とアイヴィ(ヴェラ=エレン[一九二一~八一])の関係は舞台版よりもずっと複雑なものになっている。まず、ゲイビーは地下鉄の駅でアイヴィの写真が撮影されている現場へ、たまたま来合わせる。だから、カーネギー・ホールのスタジオで彼が彼女に逢うのは

『踊る大紐育』「自然史博物館のダンス」左からジーン・ケリー、フランク・シナトラ、ジュールズ・マンシン、アン・ミラー、ベティ・ギャレット

二度目になる。インディアナ州の田舎町の出身であるゲイビーは、アイヴィは洗練された都会の女なのだと思いこんで、田舎町の暮しがどんなものかを説明する。アイヴィは調子を合わせる。二人は一緒に踊る。「メイン・ストリート」というナンバーである。

舞台版と違って、映画版ではアイヴィは約束通り一度はゲイビーの前に現れる。だが、仕事があるのでやがて姿を消す。事情を知ったゲイビーたちは、ヒルディが運転するタクシーでコニー・アイランドへ駆けつける。アイヴィに逢ったゲイビーは、彼女が自分と同じ町の出身であることを、初めて知る(第二章で言及した『海上の女たち』にも、同じ設定が現れた)。

これより先、「ニューヨークの一日」という芝居のポスターを見かけたゲイビーは、アイヴィとの出会いを思い起こしながら、自分の空想を踊りにしてみせる。舞台版では、マンハッタンからコニー・アイランドへ向う地下鉄の中で、ゲイビーはアイヴィと過ごした――過ごしえた――時間を夢想しながら、「コニー・アイランドの夢のダンス」を踊るが、映画版の「ニューヨークの一日」は、あるいはこのナンバーからヒントを得て作られたものなのかも知れない。いずれにせよ、「メイン・ストリート」も「ニューヨークの一日」も、映画版にしか現れないナンバーである。甚だ興味深いことに、二つのナンバーは、ケリーが愛好した無限定な空間ではなくて、劇場内のスタジオと(ゲイビーの空想の中の)劇場の舞台という、窮屈な空間で展開する。これはどういうことなのだろうか。

映画の冒頭では、ブルックリンの波止場に上陸した水兵たちがニューヨークの讃歌を歌いながら、市内の中心部へと移動する。これは、紛う方なき現実の場所で展開する。映画のいくつかの場面は、予算の制限があったにもかかわらず、実際にニューヨークの名所で撮影された（こうした、いわゆるロケーション撮影は、この時代ではまだきわめて珍しいことであったと伝えられる）。そのかわり（と言っていいのかどうかは、私には分らないが）、「メイン・ストリート」と「ニューヨークの一日」は、あくまでも現実ではない場所で展開する。このふたつのナンバーが表示しているのは、起りえたかも知れないが、実際には起らなかった事件なのである。この映画の作者が凡庸な想像力の持主だったら、そういう事件はおそらく無限定な空間で展開させたであろう。無限定な空間で想像力が自由に飛翔する——なるほど、いかにももっともらしい考え方だが、いささか理に落ちすぎるのではないだろうか。だがジーン・ケリーとスタンリー・ドネンは、そういう凡庸なやり方は選ばなかった。『踊る大紐育』という映画が傑作であるのは、演技空間についてのいわゆる常識の虚妄性を、さりげなく、しかし決定的に指摘してみせたからなのである。

映画『ブリガドーン』（ヴィンセント・ミネリ監督、一九五四年）の原作となった同名ミュージカル（一九四七年初演）は、アラン・ジェイ・ラーナーが台本と詞、フレデリック・ロー（一九〇一〜八八）が曲を書いた作品である（ラーナーとローはやがて『マイ・フェア・レディ』などを発表することになる）。

トミーとジェフという二人のアメリカ人青年が、狩猟を楽しむためにニューヨークからスコットランドの高地へやって来るが、いきなり道に迷う。すると霧が晴れた谷間に地図に載っていない村が出現する。ブリガドゥーンと呼ばれるこの村を訪れたトミーはフィオーナという美しい娘と知り合い、互いに惹かれるようになる。一方ジェフは男に飢えているメグという女から露骨に誘惑される。この村には説明のつかない点が色々あるのだが、トミーはフィオーナに説明を求める。フィオーナは彼とジェフをランディという教師のもとへ案内する。ランディによると、二百年ばかり前、この地方は魔女によって悩まされたが、村人が魔女に影響されるのを心配した牧師のフォーサイスが奇蹟を求めて神に祈り、それが聞き届けられた。すなわち、この村は地上から消えたが、百年に一日だけ地上に現れるようになったのだ。村人たちが眠り、次に目覚めると、また百年経っている（但し村人の意識においては、それは翌日のことである）。こうすれば、村人が世の悪に汚されることはなくなるというわけだ（この劇の事件が起るのは、村人たちにとっては、奇蹟が実現してから二日目のことである）。なお、村人の誰かが村を出たら、奇蹟は消え、村は二度と地上に出現しなくなる。また、外部の人間が村へやって来て村の誰かを心から愛したら、その人間は村に留まることができる（こういう事情が明らかになるのは、劇がかなり進行してからである）。

フィオーナにはジーンという妹がいるが、今日チャーリーという若者と結婚式を挙げることになっている。ところがハリーという別の若者がいて、ジーンを慕っている。ハリーは彼女と結婚できなくなったので、ひどく不機嫌である。村を出て大学へ行きたいと思っていたのに、それも不可能になった、この村は自分にとっては牢獄だと、彼は言う。結婚式のダンスの途中で、彼はジーンに襲いかかるが、村人たちに制される。逆上した彼は、村から出て行くと宣言するので、村人たちは彼を捕えようとする。事情を知ったジェフは、村を出ようとしているハリーを見て、思わず片足を出してとめようとする。ハリーは倒れ、岩で頭を打って死ぬ（映画版では、酔ったジェフが、木の上に潜んでいたハリーを鳥だと思って撃ち、ハリーは落命するという、もっと生々しい事件が起る）。

ジェフに促されてニューヨークへ戻ったトミーは婚約者と再会するが、どうしてもフィオーナが忘れられない。とうとう彼はジェフを誘ってブリガドゥーンがあると思われる場所へ戻る。すると奇蹟が起って村が現れる。トミーは村へ入って行き、そこに留まる。

映画のシナリオは、舞台版の台本を書いたアラン・ジェイ・ラーナーが担当した。ジーン・ケリーがトミー、シド・シャリース（一九二二～二〇〇八）がフィオーナ、ヴァン・ジョンソン（一九一六～二〇〇八）がジェフを演じている（ケリーは振付も担当した）。だがケリーも監督のヴィンセント・ミネリも、この映画は失敗作だと考えていた。なぜか。当然のこととして、関係者たちはスコットランドで撮影を行いたいと思ったが、MGM社にはそのための資金がなかった。結局、スタジオという屋内に高地めいたセットを組み、作り物の木や花で飾り立てたので、現実感が希薄になった。また、ケリーの振付もスコットランド風の動きを取り入れたありきたりのもので、あまり面白くない。それに、この物語の大前提にあるのは、時間と空間の論理に反する状況で奇蹟が起るというSFめいた発想であり、これだけで一本の映画をもたせるのはかなり困難だったのではあるまいか。決定的なのは、この作品は、当時はまだ珍しかったシネマスコープで撮影されたのに、人々は、ワイドスクリーンを使いこなす技術をまだそなえてはいなかったという事実だった。画面が広すぎて、有効にそれを埋めることができていないと感じられる場合が多すぎるのである。

　だが、画面が広すぎるとは感じられない場面もあることはある。そのひとつは「丘の上のヒース」というナンバーの場面である。フィオーナが出かけようとするので、どこへ行くのかとトミーが尋ねると、妹の結婚式の飾りにするためにヒースの花を摘みに行くのだと、フィオーナは答える。自分も同行してもいいかと、トミーが言う。トミーがフィオーナに歌いかける。二人は丘の道を登って行く。やがてヒースが茂っている場所に辿り着いた二人は、花を摘みながら踊る（花を摘むという動作が舞踊化されていると言う方が正確であろう）。二人は互いに接近し、愛情を表現する。ここはバレエの一場面のようになっている。

　この場面のためにはある程度の広さのある空間が不可欠であろう。興味深いことに、舞台版では、トミーとフィオーナが歌うだけで、実際に花を摘む場面は現れない。広大な丘の上を舞台という限定された空間で表現することは困難だが、映画ならそれは可能になる。

　ヒースが更に盛んに茂っている場所に気づいたトミーは、何気なく小川の橋を渡ろうとする。フィオーナが顔色を変えてとめる（ここではまだ分らないが、この橋を渡ると村の外へ出てしまうことになるのだ）。フィオーナは村へ戻り、トミーはしばらく迷うが、やはりフィオーナを追うことにする。その途中に、トミーはジェフに出くわし、はずみで足を踏み外して、丘の斜面を転落する。それから、実に満足げな表情を浮かべて、「オールモースト・ライク・ビーイング・イン・ラヴ（ほとんど恋をしているようだ）」という歌を歌い始める。舞台版では、歌の途中でフィオーナが登場し、歌に加わることになっているが、映画版ではトミーだけが歌う。この歌は「丘

『ブリガドーン』(1954)「丘の上のヒース」ジーン・ケリー、シド・シャリース

の上のヒース」の歌と踊りのエピローグの役割を果していると言えるだろう。

このシークウェンスは非常によくできている。ただ、残念ながら、これは『ブリガドーン』全体の中ではむしろ例外にすぎないのである。

『いつも上天気』（一九五五年）は『踊る大紐育』の一種の続篇として計画された。この作品でもベティ・コムデンとアドルフ・グリーンがシナリオと詞を書き、ジーン・ケリーとスタンリー・ドネンが共同で監督と振付を担当した。これに先立つ『雨に唄えば』（一九五二年）にも、同じ四人が同じ役割で参加した。ところが『いつも上天気』は、『雨に唄えば』はもちろん、『踊る大紐育』と比べても見劣りがする。その理由は三つあるようだ。

まず、作者たちの仕事があまり冴えない。音楽を担当したのはアンドレ・プレヴィン（一九二九〜二〇一九）だった。プレヴィンはクラシックとポピュラーの両方で顕著な業績を残した人物で、『いつも上天気』のための仕事も決して悪くはないのだが、舞台版の『オン・ザ・タウン』のためのレナード・バーンスタインの仕事や、『踊る大紐育』のためのロジャー・イーデンズの仕事と比べても、明らかに劣っている。コムデンとグリーンのシナリオも妙に分別くさく、無理に辻褄を合わせようとしたところが目立つ。

次に、出演者たちにあまり魅力がない。確かにジーン・ケリーはそれなりに活躍している。だが、『踊る大紐育』に出演したフランク・シナトラは大スターになりすぎて、もはやこういう仕事には興味がなかった。彼の代りに出演したのは、振付家のマイケル・キッド（一九一五〜二〇〇七）で、映画出演はこれが初めてだった。彼は舞台や映画の振付ではいい仕事をしていたが、俳優としては冴えなかった。更にジュールズ・マンシンの代りにダン・デイリー（一九一五〜七八）が出演したが、この俳優も生気が欠けていた。

何よりも致命的だったのは、物語そのものである。『踊る大紐育』の三人の水兵は女に飢えていた。彼らはとにかく若かった。『いつも上天気』の物語を支えているのは、テッド（ケリー）、アンジー（キッド）、ダグ（デイリー）という三人の元陸軍兵士である。アメリカが戦争に勝ち、彼らはニューヨークへ戻って来る。そして、金属のごみ入れの蓋を片足で引っかけ、それを道路に叩きつけながら踊る。「ビンジ（大騒ぎ）」というナンバーで、これは確かに新鮮味がある。踊り終えた三人は、十年後に再会することを約束して、散って行く。

映画の本体の物語は、その十年後に始まる。弁護士になるはずだったテッドは、ボクシングのプロモーターになっており、裏社会ともつき合いがある（彼は独身だが、女性関係は盛んであるようだ）。アンジーは高級料理のシェフになるつもりだったのに、平凡なハンバーガー店を経営している（彼は結婚していて子沢山だ）。画家志望だったダグは広告会社の役員として成功し、金には困っていないが、仕事で神経をすり減らしている（彼は結婚してはいるが、子供がなく、結婚生活も破綻しかけている）。つまり、『いつも上天気』とは人生に疲れ、幻滅した中年男たちを扱ったミュージカル映画なのである。現在なら、こういうミュージカルは冒険的であるとか深みがあるとかとしてもてはやされるかも知れない。いっそ、この素材を容赦なく追求するという手があったかも知れない。だが、一九五五年にはそれはまだ無理だった。事実、作者たちは妥協を重ねてめでたい結末を導き出している。

さて、十年後に再会した三人の男たちは、互いに何の共通点ももってはいないこと、友情と見えたものには実体がなかったこと、要するに再会を約したのは誤りであったことを悟る。しかし、これでは話が進まない。男たちの前に、ダグの知人でテレビ番組の制作に関わっているジャッキー（シド・シャリース）という、頭のよい、押しの強い女性が現れる。三人の戦友の再会という状況を知ったジャッキーは、それを自分が関わる番組に利用することを計画する。大勢の人々を集め、その中から興味深い人間を選んで（但し当人は自分が選ばれることを知らない）、その人間の物語を探り出そうというのだ。すべては中継され、視聴者のもとへ届けられる。ジャッキーが手筈を整え、三人の男たちは指定された場所に集まる。

それより先、ジャッキーはテッドが関わるボクシングのジムへやって来て、ボクサーたちに歓迎される。テッドとジャッキーは互いに好意をもち始めたようにも見受けられる。ところがテッドはギャングたちから、八百長試合の実現に協力するように求められる。テッドがそれを断ったので、彼の身に危険が迫る。彼はあるローラースケート場に入って、危険を回避する。ギャングたちが消えたのを見届けたテッドはローラースケートを着けたまま盛り場を移動する。これは、スタンリー・グリーンがジーン・ケリーの「ソロ・ストリート・ダンス」の代表例として言及していた「僕は自分が好きだ」というナンバーである。

堅気とは言えない暮しをして来たテッドは自信をなくしていたが、ジャッキーという知的な女性に好意をもたれるようになって自信が湧いて来たというわけである。このナンバーは明らかに

『いつも上天気』（1955）［上］左からダン・デイリー、ジーン・ケリー、マイケル・キッド［下］「ビンジ」左からマイケル・キッド、ジーン・ケリー、ダン・デイリー

『雨に唄えば』の有名なナンバーを踏まえている（『雨に唄えば』は追って詳しく分析する）。しかし、『雨に唄えば』という大傑作のケリーは、仕事上の難問が解決され、しかも新しい恋が生れたことから発するほんものの大きな喜びにかられて心行くまで踊るのである。「僕は自分が好きだ」のケリーが感じているらしい喜びはほんものと断定できるのだろうか。ジャッキーがテッドに示す好意は、計算ずくのものかも知れない。彼女にとってはテレビ番組の成功が何よりも大事であるに違いないからだ。それに、理屈を言うなら、この場面のテッドはまたもやギャングに襲われる危険がある。呑気に踊っている場合ではあるまい。当然ケリーの踊りはみごとである。時には彼はローラースケートでタップを踏んだりする。だが、つまるところこのナンバーは、『雨に唄えば』の例のナンバーと違って、プロットそのものと密接なつながりをもってはいないのだ。

男たちをめぐるテレビ番組が放映されている現場へ、とうとうギャングたちが押しかけて来る。ジャッキーの指示で、ギャングたちとテッドたちのやりとりはそのまま中継されることになる。三人の男たちは結束してギャングたちに立ち向う。大乱闘になる。もちろん三人が勝ち、ギャングたちはやって来た警官隊に逮捕される。三人の男たちの間には友情が復活する。

この映画では、画面を三分割して男たちの物語を並行して示すとか、画面を絞って小さな画面にするとかといった、決して斬新とは言えないが効果のある手法が用いられている。作者たちは『ブリガドーン』の場合よりもシネマスコープをうまく使いこなすようになっていた。だが、この映画はジーン・ケリーとスタンリー・ドネンが共同で振付と監督を担当する最後の作品となったことでも記憶されている。二人の間にあった考え方の対立はもはや克服できないものになっていた。二人が一緒に仕事をすることは二度となかった。

移動という手法が用いられているジーン・ケリーの映画として、もうひとつ、『巴里のアメリカ人』（一九五一年）を挙げることができるだろう。この映画の大詰には、主人公の男が姿を消した恋人を探し求めてパリの町をさまようという内容の、十七分に及ぶ長いバレエが現れるからである。それまでのミュージカル映画にこんな長大な場面が現れたことはなかった。

シナリオを書いたのはアラン・ジェイ・ラーナー、監督をつとめたのはヴィンセント・ミネリ——つまり、やがて『ブリガドーン』に関わることになる二人の人物が重要な役割を演じた作品なのだが、二本の映画の味わいは全く異なる。身も蓋もない言い方をしてよければ、『ブリガドーン』は田舎臭い映画である。これに対して『巴里のアメリカ人』はパリを舞台とする粋で都会的な映画だ。その上、この作品全体を支えているのは、ジョージ・ガーシュウィンの音楽という、これまたきわめて都会的なものなのである。

ガーシュウィンの音楽を利用したミュージカル映画を作ることを思いついたのは、プロデューサーのアーサー・フリードだった。彼は親友だったアイラ・ガーシュウィンに話をもちかけた。アイラは自分が詞、弟のジョージが曲を書いた歌のみを使うことを条件として、フリードの計画に賛同した（ジョージ・ガーシュウィンは既に他界していた）。フリードはラーナーにシナリオの執筆を依頼したが、気がかりなことがあった。ラーナーは著名な作詞家でもあったから、作詞家としての仕事を封じられるのは不本意かも知れないと、フリードは考えたのである。ところがラーナーはシナリオ執筆を快諾した。出来上がったシナリオは、あらかじめ決められた筋書をうまく具体化した、よく言えば器用な、悪く言えばご都合主義的な作品になっている。

主人公のジェリー・マリガン（ケリー）はアメリカ軍の兵士だったが、第二次大戦が終った後、パリに残り、絵の勉強をしている。ある日、彼が作品を展示している街頭を、マイロというアメリカ人の中年女（ニーナ・フォーク［一九二四〜二〇〇八］）が通りかかり、大金を出して彼の絵二点を買い上げる。彼女はその晩ホテルの自室でパーティを開くと称してジェリーを招くが、ジェリーがやって来ると他に客はいなかった。大金持のマイロは画家としてのジェリーを援助したいと申し出るが、彼女の動機によこしまなものを感じたジェリーはそれを辞退する（ハリウッドへ来る前に、ジーン・ケリーはブロードウェイ・ミュージカル『パル・ジョーイ』で、中年女に囲われるナイトクラブ芸人を演じたが、そのことが、『巴里のアメリカ人』のこの場面で生かされているに違いないと、スタンリー・グリーンは指摘している）。だが、自分はジェリーの芸術にしか興味がないのだとマイロが主張するので、ジェリーは翻意する。マイロはジェリーのためにアトリエを借りてやり、作品がたまったら個展を開くように手配しようなどと言う。

ジェリーはマイロと一緒にある店へ出かけた折に、隣のテーブルにいた可愛い娘に目をつけ、強引に接近する。更に彼は、リーズというこの娘（レスリー・キャロン［一九三一〜］）が働いている香水店へ押しかけ、いやがる彼女をデートに誘う。リーズはとうとうそれに応じてしまう（ヴィンセント・ミネリは回想録『私はよく覚えている』で、この場面でリーズが初対面のジェリーの

『巴里のアメリカ人』（1951）ジーン・ケリー、レスリー・キャロン

誘いに乗るのは唐突すぎた、もっと時間をかけるべきだったと述べている）。ジェリーとリーズは互いに好意を抱き合うようになる。

ジェリーには、売れないコンサート・ピアニストのアダムという親友がいる（この役を演じたオスカー・レヴァント（一九〇六～七二）はピアニストが本職だったが、渋い喜劇俳優として『ブロードウェイのバークレー夫妻』や『バンド・ワゴン』［一九五三年］にも出演した）。ある日、ジェリーはアダムを介してアンリ（ジョルジュ・ゲタリー［一九一五～九七］）というミュージック・ホールの歌手と知り合った。実はリーズはこのアンリの恋人なのである（そのことは、映画が始まるとすぐに観客には告げられる）。リーズの両親はレジスタンスの闘士だったので戦中は捕えられていたが、その間、アンリが彼女を保護していたのである。リーズはジェリーにそういう事情を明かし、自分はアンリと結婚するから、もう逢えないと言う。

絶望したジェリーはマイロが自分に対して抱いている気持に応えようかとも思い、彼女を画学生たちのパーティに誘う。そこにはアンリとリーズも来ている。どうしてもリーズのことをあきらめられないジェリーは幻想に耽る。こうして、十七分に及ぶ長いバレエが始まる。このバレエでは、印象派の画家たちが描いたパリの名所が背景として用いられている。但し、画家たちが実際にそういう作品を残しているというのではない。たとえばオペラ座がまるでゴッホの絵のような様子で現れるが、ここで模倣されているのはゴッホの画風だけなのである。

もちろん、バレエの内容――具体的に言うと、消えたリーズをジェリーが探し求めるという行動――を印象派の画家たちの目が捉えたパリで展開するという設定は、ジェリーが画家であるという事実と密接な関係がある。ジェリーは自分で絵を描くだけでなく、美術館にも通いつめて、大画家たちの技法を熱心に学んでいたであろう。このバレエにおけるパリは、あくまでもジェリーの幻想の中のパリであり、現実のパリであってはならないのだ。

パーティの客たちの衣装は白と黒だけのものだった。だが、ジェリーの幻想が始まると、白黒の世界はカラーの世界に変る。

ジェリーはまずデュフィが描いたかと見えるコンコルド広場にいる。次に彼は、マドレーヌ広場近くの花屋の前へ移る。そこはルノワールの絵のように見える。今度はユトリロが描いたような街路が見える。ジェリー自身を含む五人のパリのアメリカ人が踊る。背景はアンリ・ルソーの絵のようだ。次に場面はコンコルド広場の噴水になる。ゴッホが描いたようなオペラ座が見える。次いでロートレックが描いたようなモンマルトルになる（ロートレック自身も登場する）。最後にもう一度コンコルド広場に移り、バレエは終る。

この間、ジェリーは現実のパリの住人らしい人物や神話の人物に出会い、一緒に踊る。リーズにも何度か出くわし、一緒に踊るが、必ず彼女は消えてしまう。たとえば、リーズを抱いて踊っていたジェリーは、自分が抱えているのが花束にすぎなかったことに気づく。

幻想からさめたジェリーは、絶望しきってパーティの席に戻る、すると、アンリの車が道路を進んで来るのが見える。リーズが車から下りる。アンリが運転する車は去って行く。事情を知ったアンリは——リーズもまたジェリーをあきらめられないでいることを悟ったアンリは——身を引くことにしたのである。リーズとジェリーは走り寄り、抱き合う。

『巴里のアメリカ人』が公開された時には、私は既に高校生になっていたから、当時の日本の批評家や観客の反応は今なお鮮明に覚えている。ミュージカル映画という大衆的な娯楽が印象派の絵画という高級な芸術と結びついた結果として、この作品は高く評価されたのである。今にして思うと、これはかなりお座なりな評価だったという気がする。ミュージカルは大衆的な芸術にすぎないのだろうか。そもそも高級な芸術と大衆的な芸術という区別には意味があるのだろうか。

もしも『巴里のアメリカ人』という映画に革新性があったとすれば、それは、映画における現実の捉え方に関わっていたのではないか。ミュージカルのナンバーは物語を進行させるものでなければならないと言われる。その通りだと、私も思う。しかし、ガーシュウィンの『パリのアメリカ人』組曲をもとにした大詰のバレエは、特に物語を進行させてはいない。その上、事件が起るのは現実の空間ではない。映画の撮影においてセットを組むのは少しも珍しいことではないが、その場合、セットはなるべく現実の建造物に見えるようにするのが普通であろう。『巴里のアメリカ人』のこの場面でも、いくつものセットが組まれたに違いないが、高名な画家たちの作風を意識的に採り入れた結果、セットは必ずしも現実の建物のようには見えないものになっている。だから、この空間で起る事件が現実ではなくて虚構であることが、いっそう鮮明になる。そこが重要なのだ。

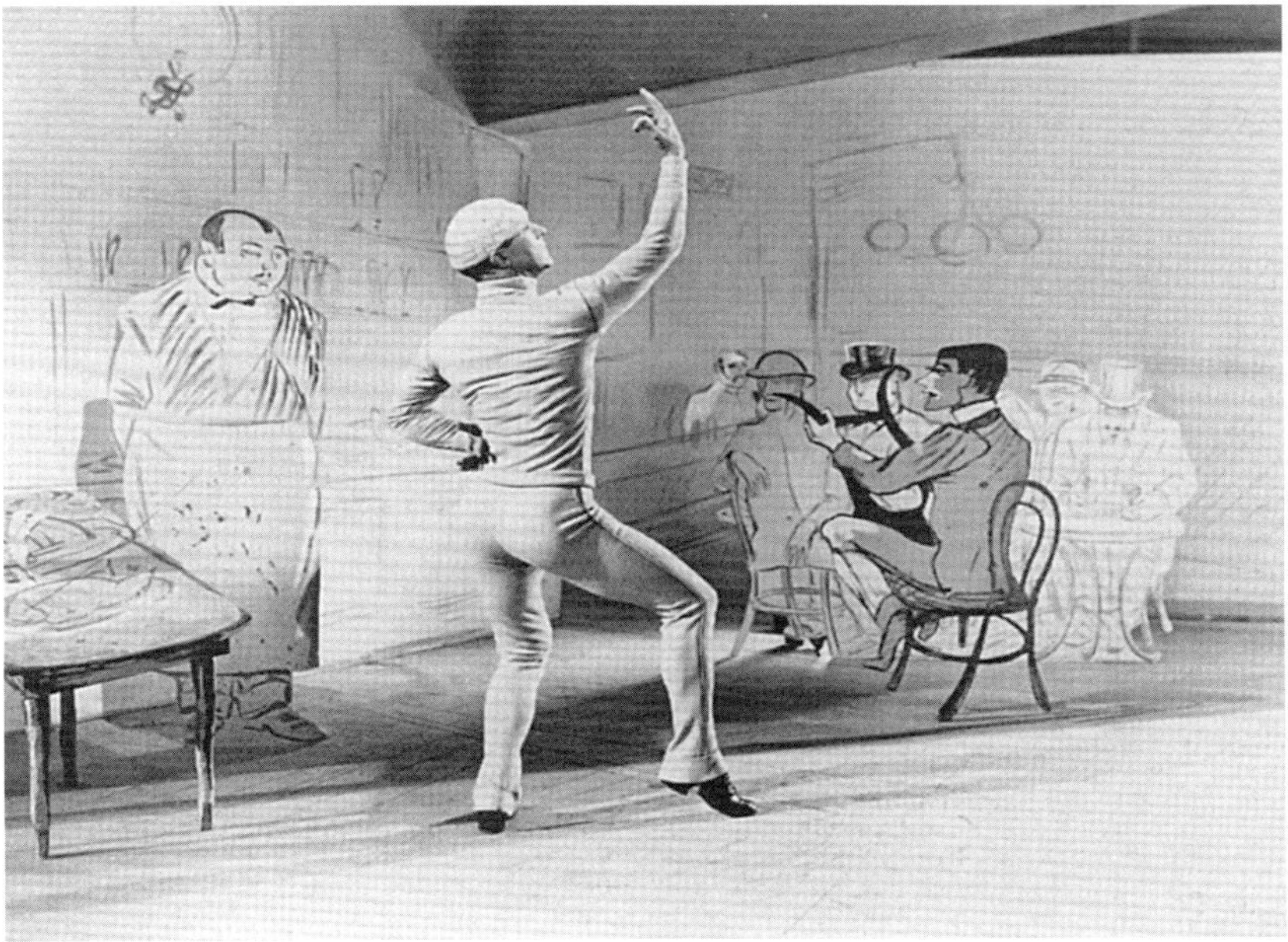

『巴里のアメリカ人』ジーン・ケリー

2

ジーン・ケリーとジュディ・ガーランドが共演したミュージカル映画には、もう一本、『踊る海賊』（ヴィンセント・ミネリ監督、一九四八年）があった。この映画は今に至るまで評価が分れている。

これは、ドイツのある戯曲をもとにしてアメリカの劇作家S・N・ベアマン（一八九三〜一九七三）が書いたブロードウェイ舞台『海賊』（一九四二年初演）を原作としている。カリブ海のある島の村長ドン・ペドロの妻マニュエラは、エスカムンドという有名な海賊に憧れている。ある時、旅役者の一座がやって来るが、座長のセラフィンは自分がエスカムンドだと名乗る。彼の嘘はすぐにマニュエラに見破られるが、実はドン・ペドロこそが本当のエスカムンドだった。現実に目覚めたマニュエラは、夫を捨て、セラフィンとともに旅に出る。初演ではアルフレッド・ラント（一八九二〜一九七七）とリン・フォンタン（一八八七〜一九八三）という名優夫妻が主役のセラフィンとマニュエラを演じた。

映画版では、マニュエラ（ガーランド）は人妻ではなくて、村長と婚約する若い娘になった。人妻が夫を捨てて別の男と出奔するなどという物語は当時は憚《はばか》られたからである。また、マニュエラが憧れている海賊の名はマココと変えられた。

セラフィン（ケリー）に率いられた旅役者の一座が村へやって来る。セラフィンはマニュエラ

『踊る海賊』（1948）ジーン・ケリー

に一目ぼれし、彼女が村長と結婚することになっているのを知って、彼女を懸命に口説く。セラフィンは村長と面識があり、彼が実はマココであることを知っていた。セラフィンはその事実を伏せ、マニュエラを含む村人たちには、自分がマココなのだと告げる。だが、これが嘘であることがマニュエラに知られてしまう。激怒したマニュエラは彼を大根役者呼ばわりし、まわりにあったものを手当たり次第にセラフィンに向って投げる。

一方ドン・ペドロは、一計を案じてセラフィンを陥れ、マココだとして彼を逮捕し、処刑しようとする。セラフィンは最後の舞台をつとめさせてくれと懇願し、マニュエラとラヴ・シーンを演じることに成功する。嫉妬に狂ったドン・ペドロは自分がマココであることを明かしてしまい、役者たちによって逮捕される。マニュエラはセラフィンの一座に加わる。

もちろんこの映画にはさまざまの見どころがある。たとえばマニュエラがマココのことを夢想する場面で、ケリーは「海賊のバレエ」というみごとなナンバーを披露する。彼は船の高い帆柱を登り、てっぺんから点火された松明《たいまつ》をいくつも地上に向って投げる。松明は地面で爆発する。その場は黒煙に包まれる。最後に彼はロープにつかまって跳ぶ。ここはケリーがアクロバティックな動きを遺憾なく発揮する場面だ。

また、セラフィンはマニュエラとのラヴ・シーンの前に、「道化になれ」という歌を歌い、ニコラス・ブラザーズという黒人の兄弟と一緒に踊る。ニコラス・ブラザーズとは、フェイアード・ニコラス（一九一四〜二〇〇六）とハロルド・ニコラス（一九二一〜二〇〇〇）の兄弟のことで、タップダンスの名手としてよく知られていた。この映画の歌はコール・ポーターが書いたが、ポ

『踊る海賊』「道化になれ」ジーン・ケリー、ジュディ・ガーランド

ーターとしては必ずしもできがよくない。だが、この「道化になれ」は名曲である。

映画そのものは道化のいでたちのケリーとガーランドが「道化になれ」を歌い踊る場面で終るが、ここもすばらしい。映画全体を通じてガーランドの喜劇的な演技も見ものだ。だが、私はこの作品に何となく物足りないものを感じる。それはどうやら、作り手や出演者の姿勢が定まっていないせいであるようだ。

この映画は剣術の名手を主役として、ダグラス・フェアバンクス（一八八三〜一九三九）が得意としたような大芝居を演じさせ、そういう芝居の馬鹿らしさを示すために作られた――要するに、これはパロディなのだと見なされているようだ。それは結構だが、パロディには必ず守らねばならないルールがある。登場人物（あるいは登場人物を演じる俳優）が自意識をもっていてはならないのだ。自分がどれほど滑稽であっても、そのことに気づいていてはならないのである。既に言及した『海上の女たち』は『四十二番街』のパロディだが、登場人物たちはあくまでも大真面目である。

ところが『踊る海賊』は、必ずしもそうはなっていない。映画が始まって間もなく、「ニーニャ」というナンバーが現れる。セラフィンが登場し、「世の中には魅力的な女が大勢いるが、それぞれ名前が異なっていて面倒なので、自分はどの女もニーニャと呼ぶことにしている」と歌う。彼は煙草をふかしている女からそれを奪い、思う存分煙を吸い込み、煙草を口に入れ、女にキスする。それから口中の煙草を取り出す。火がついたままである。ここでケリーは、してやったりという表情になる。これがいけない。

あるいは、セラフィンの嘘を知って怒り狂うマニュエラが色々な什器を投げる。破片が飛散する。最後にマニュエラは一枚の絵をセラフィンの頭上に振り下ろす。セラフィンの頭部が絵を貫通する。その状態で彼は床に倒れる。さすがに心配になったマニュエラがかがみこむが、セラフィンは全く反応しない。「あなたは大根役者なんかじゃありませんよ（さっきあんなことを言ったのは悪かった）」と彼女が言う。セラフィンは薄目をあけ、微笑する。

どちらも滑稽な場面には違いないが、演者がそのことを説明してしまうと、観客は興ざめする。実は、ジーン・ケリーはダグラス・フェアバンクスのパロディをもう一度演じている。他ならぬ『雨に唄えば』で、ケリーが演じるドン・ロックウッドは、フェアバンクスを茶化した『闘う騎士』という作品に出演するのだが、どんなにぶざまなことをやっても、彼はにこりともしない。彼はあくまでも大真面目なのである。この点だけをとっても、『雨に唄えば』のパロディ性は『踊る海賊』のパロディ性よりも格段に上であることが理解できる。

『雨に唄えば』（ジーン・ケリー、スタンリー・ドネン共同監督、一九五二年）にはさまざまの側面があるが、そのひとつはプロデューサーとしてのアーサー・フリードによる作詞家アーサー・フリードの仕事の集大成といったものであろう。フリードは作曲家のネイシオー・ハーブ・ブラウンと組んで、初期のトーキーのために数多くの歌を提供したが、やがて、それらの歌を集めて一本の映画を作りたいと思うようになった。彼はベティ・コムデンとアドルフ・グリーンにシナリオの執筆を依頼した。フリードとブラウンの歌をあらためて聞いた二人には、無声映画からトーキーへの移行の時期のハリウッドを描く——もっと厳密に言うと、当時のハリウッドの混乱や試行錯誤を描く——映画以外のものは考えられなかった。こうして作られたのが『雨に唄えば』である。作者たちはかつての混乱や試行錯誤を四半世紀後の視点で捉えているのだから、もちろんそれらは滑稽な現象として提示されている。しかし、それらは微笑ましいもの、愛すべきもの、敢えて言うなら懐かしくさえあるものとしても提示されている。作者たちは、決して高みに立って過去を愚弄しているわけではないのだ。このことは強調しておきたい。

映画はモニュメンタル・ピクチャーズというスタジオで起る事件を辿る。この会社では、ドン・ロックウッド（ケリー）とリーナ・ラモント（ジーン・ヘイゲン［一九二三〜七七］）を主役とする古風な無声映画——具体的に言うと、ダグラス・フェアバンクスの出演作を思わせる映画——を量産して来たが、ある新作の初日の後、関係者たちはプロデューサーのR・F・シンプソン（ミラード・ミッチェル［一九〇三〜五三］）の自宅に招かれる。シンプソンは、ある男が売り込んで来たトーキーのシステムを用いた短篇を上映する。このシステムとは他ならぬヴァイタフォン——つまり、『ジャズ・シンガー』で用いられた録音システムなのだが、集まった人々は口を揃えてそれを馬鹿にする。もちろん我々は『ジャズ・シンガー』が大ヒットとなったことを知っているから、人々には先見の明がなかったことに気づく。

やがてシンプソンは、『ジャズ・シンガー』の成功を受けて新作『闘う騎士』の制作を中断し、トーキーとして作り直すことを決める。つまり、『雨に唄えば』は『ジャズ・シンガー』から派生した作品のひとつという体裁を取っているのだ。

これより先、ドン・ロックウッドはキャシー・セルデン〔デビー・レノルズ［一九三二～二〇一六］〕という無名女優と知り合い、忘れがたいものを感じていたが、撮影の現場で再会し、有頂天になる。そしてキャシーを誘い、一種のラヴ・シーンを演じる。ドンはまず「しかるべき状況設定がなければ自分は思いを明かすことができない」と言い、スタジオに入る。そして、投光器や送風機を用いて心地よい微風が吹く夕暮れを、次いで星空や月光を作り出し、脚立に乗ったキャシーをバルコニーにたたずむ美女に見立てて、「あなたは私のための人」という求愛の歌を歌う。それから二人は古風な踊りを披露する。ここで起っていることは明らかであろう。すなわちドン――と言うより『雨に唄えば』の作者たち――は万事承知の上で、陳腐な映画の中の型にはまった場面を人工的に作り出し、求愛という行動を語られる台詞ではなくて歌と踊りという様式化された手段を用いて表現しているのである。観客が見せられるのは、現実そのものではなくていわば映画の一場面なのだ。ドンとキャシーは現実のロマンティックな恋人たちではなくて、類型としてのロマンティックな恋人たちを演じているのである。リアリズム映画の作者なら映像という虚構が現実であるかのように振舞うであろう。そして、観客もそれを現実として受容するであろう。しかし、これは約束事にすぎない。『雨に唄えば』の作者たちは、この約束事が現実を反映してなどいないことを示そうとしている。映画というものの本質的な虚構性をあからさまに示しているのだ。別の言い方をするなら、『雨に唄えば』とは映画の制作についての映画という自己投影的な作品なのである。

さて、トーキーとして制作された『闘う騎士』の公開試写は大失敗だった。たとえば音声と映像がずれていたり、リーナが首飾りをまさぐる音が雷鳴の轟きのように聞こえたりするので、観客は笑い転げてしまう。しかも、これまでは無声映画にしか出演したことがなかったリーナがひどい悪声の持主であることが明らかになる。

試写会の後、ドンと、ドンの無名時代からの相棒のコズモー・ブラウン（ドナルド・オコナー［一九二五〜二〇〇三］）、キャシーの三人は、ドンの家で解決策を模索する。キャシーとコズモーは、ドンにはダンスの才能があるのに人々がそれを知らないのは残念だから、いっそ『闘う騎士』をミュージカルにしようと提案し、ドンも賛成する。しかし、問題は悪声のリーナだ。すると機転が利くコズモーは吹き替えという手を思いつく。リーナの台詞や歌をキャシーが吹き替えたら、問題は解決されるだろうというのである（翌日、ドンとコズモーはプロデューサーのシンプソンに面会し、新作の題名は『踊る騎士』となることが決る）。

ドンはキャシーを彼女の家まで送って行き、その後、激しい雨の中で歌い踊る。仕事上の問題は解決され、新しい恋も始まった。彼は有頂天なのだ。ここで演じられる「雨に唄えば」のナンバーは、あらゆるミュージカル映画のあらゆるナンバーの中で、最も広く知られているものであろう。ジーン・ケリーの〈ソロ・ストリート・ダンス〉の代表例でもある。五分足らずの場面で、十のショットから成り立っている。以下、ショットを順にやや詳しく紹介する（図版は一九六〜一九七頁）。

①キャシーの自宅のポーチで、キャシーとドンがキスしている。キャシーはドンに向って、「のどに気をつけてね。あなたは歌う大スターになったんだから。今夜はカリフォルニアの夜露

はいつもより激しいのよ」と言う。ドンが答える——「そうかい？　ここから見ると、日光が一面に降り注いでるがね」。二人はもう一度キスする。キャシーは屋内へ入る（ここでカット）。

②ドンは右手で傘を差し、歩道に降り立ち、左手を伸ばして雨の具合を確認してから、待たせておいたタクシーを去らせる。そして歩道を歩きながら（彼は自宅に向って歩いていると考えられる）、「ドゥドゥドゥドゥ」というスキャットで歌（「雨に唄えば」）の前奏を歌い始める（カット）。

③ドンは歩きながら、本格的に歌い出す（タップが始まる）。そして「僕はまた幸せだ」と歌いながら跳び上って、街灯の中ほどに移る。それから歩道に戻り、街灯に頰を寄せて、「恋をしたい気分だ」と歌い、微笑を浮かべる（カット）。

④ドンはなお歩き続ける。一枚の新聞紙を頭上に掲げた男女の二人連れがやって来るが、ドンの様子があまりに奇妙なので振り返る。ドンは去って行く二人に愛想よく挨拶する。それから帽子を取り、両腕を広げ、両脚を大きく開いて、「僕は顔に微笑を浮かべている」と歌う（カット）。

⑤「僕は歩道を歩いて行く」と歌うあたりから、タップの音がはっきり聞こえるようになる。このショットでは、ドンは傘を小道具として使う。回転させたり、パートナーに見立てて抱いて踊ったり、ウクレレに見立ててかき鳴らしたりする。「雨に唄えば」は、『ホリウッド・レヴュー』（原題は『一九二九年のハリウッド・レヴュー』）という映画で、クリフ・エドワーズ（通称ウクレレ・アイク［一八九五〜一九七一］）という俳優によって初めて歌われた。ここでケリーは彼に敬意を表しているのである。このあたり、ドンは前進するだけでなく、後退したり、同じ場所をぐるぐる回ったりという風に、複雑な動きを見せる。また、ある店のショーウィンドーの女性のマネキ

⑦

⑧

⑨

⑩

①

②

③

④

⑤

⑥

『雨に唄えば』(1952)「雨に唄えば」ジーン・ケリー

ンに注目し、帽子を取って丁寧に挨拶する（カット）。

⑥ダンスが続く（歌は歌われない）。ドンは傘を片足で蹴り上げ、手で受けとめたりする。やがて傘の先端を人家の前にある金属製のフェンスに当てながら踊る。「カラカラ」といった感じの音が聞こえる（カット）。

⑦相変らず、ドンは前進と後退がまじる動きをする。垂直になったある雨樋から、水が盛んに流出している。最初、ドンは傘を差して水流の下に立つが、やがて傘を差すのをやめる。水流は彼の頭部を直撃し、彼はずぶ濡れになる（カット）。

⑧ドンは歩道から車道へ移る。上方にあるカメラが道路を広く捉える。ドンは両腕を前に伸ばして傘をもち、その姿勢で道路上を回転する（カット）。

⑨回転が続く。やがてドンは歩道の端を綱渡りをしているような姿勢を保ちながら歩く。車道の水を蹴り上げたり水たまりに足を入れたりしながら、激しく踊る。一人の警官が近づいて来る。警官に気づいたドンは歩道に戻る（カット）。

⑩ドンは警官に向って「僕は雨の中で踊ったり歌ったりしてるんだ」と歌う。そして去って行こうとすると、傘をもたぬ男がやって来る。ドンは彼に傘を渡し（男はすぐにそれを開く）、その男や警官に向って愛想よく手を振りながら、家路につく（カット）。

ドンは基本的には自宅に向って前進するのだが、いくつかの場所では逡巡したり後退したりする。彼は幸せでたまらないから、この場を離れがたいのだ（自宅に帰ってしまったら、気分が変るに違いない）。ショーウィンドーのマネキンや金属のフェンスといった事物と関わり合うことによって、彼は幸福感を確認しているのであり、こういう外界の事物はどうしても必要なのだ。当然ながら、彼の動きは次第に激しくなる。

映画『雨に唄えば』は極め付きの傑作だから、何度も舞台化されたが、必ずしも成功しなかったようだ。最大の問題点は、実は、雨の中で歌い踊るというこの場面の処理にある。映画なら空間の処理はかなり自由だが、限られた舞台空間ではそうは行かない。しかし、この場面のドンは移動せねばならない。一直線に前進するのではないが、ある程度の距離のある空間はどうしても必要なのだ。

私は舞台化された『雨に唄えば』を三度観たことがある。場所はすべてロンドンだった。最初に観たのはトミー・スティール（一九三六〜）主演のもので劇場はロンドン・パレイディアム、一九八四年のことだった。問題の場面で、スティールは降り注ぐ雨を浴びながら懸命に踊る。しかし、雨が降る場所はごく限られている。基本的にはスティールはほとんど移動せず、同じ場所で踊るのである。これでは彼が有頂天であることが観客に伝わらない。

二つ目は二〇〇〇年、ウェスト・ヨークシャー・プレイハウス制作の公演がナショナル・シアターのオリヴィエ劇場で一種の引っ越し公演として披露されたのだった。オリヴィエ劇場には巨大な回り舞台があり、中央部とへりの部分を別々に動かすことができる。だから、俳優をへりの部分で踊らせ、中央部を回転させると、人物が実際以上に長い距離を移動したような印象を観客に与えることができる（これは後述する『イースター・パレード』の「二人の伊達男」の場面で用いられている手法と本質的には同じものである）。もちろんこの方がスティール出演のものよりもいいが、私はやはり満足できなかった。

なぜか。どちらの舞台でも、雨中の踊りは現実の世界のできごとなのだという建前で演じられている。映画の場合も同様だが、映画なら通用することが舞台でも通用するとは限らないのである。

私は二〇〇四年にサドラーズ・ウェルズ劇場でアダム・クーパー（一九七一〜）が振付と主演を兼ねた『雨に唄えば』を観て、やっと解答が見つかったような思いになった。この舞台は、雨中の踊りは現実のできごとではなく、こしらえもので嘘なのだということを正面から認めていたからである。映画版には、ドンがキャシーをスタジオへ案内し、投光器や送風機の助けを借りて作り出した空間でキャシーに求愛する場面があるが、この場面はクーパー主演の舞台にも現れた。クーパー演じるドンはキャシーを同じスタジオへもう一度案内する。彼は舞台奥にある壁のドアを開けてキャシーを送り出し（彼女は自宅へ入ったことになる）、それからスタジオ全体に降り注ぐ雨を浴びながら踊る。場面は屋内なのだから、ここで降るのはもちろんほんものの雨ではない。よく見ると、床にはいくつもの小さい穴があって、そこからも水が噴出していることが分る。クーパーは穴のひとつを片足でふさぐ。水はとまる。足を離すと、また水は噴出する。彼はまるで一切がまがいもの、こしらえものであることにわざと観客の注意を惹こうとしているかのようだ。舞台には街灯もショーウィンドーもない。傘をもたぬ通行人や警官が登場することもない。

映画のジーン・ケリーは踊りながら自宅へ戻って行く男を演じているのだが、クーパーの踊りは特定の行動を表示しているのではない。彼の踊りは現実とのつながりを拒否した、純粋化されたものである。ふたつの踊りは、記号論的には全く異質のものなのだ。但し映画『雨に唄えば』の踊りも、実は、ほんものの雨が降る現実の街路ではなくて、人工的に水を降らせたセットで撮影されたものなのだから、クーパーの踊りの観客は撮影現場の再現を目撃しているのだとも言える。

そして、実体と記号、現実と虚構の間にある、気が遠くなるほど複雑な関係は、映画版では何度も示されるのだ。たとえば、映画の終り近くで、ドンがR・F・シンプソンに向って、「ブロードウェイ・メロディー」というまだ撮影されていないナンバーがあると語り、内容を説明する。田舎者のダンサー（ケリー）がニューヨークへやって来る。いくつもオーディションを受けるが、すべて断られ、やっと、あるクラブのオーディションを受ける機会を与えられる。すると、その席へ大物らしいギャングとギャングの愛人らしい美女（シド・シャリース）が現れる。美女はダンサー相手に踊るが、結局、彼を斥ける（彼はからかわれていたらしい）。一念発起したダンサーは次第に出世して大スターになり、因縁のクラブへ行く。そして美女に再会し、彼女と踊ることを夢想するが、またもや彼女に斥けられる。最後に、かつてのこの男のような、うぶで田舎臭いダンサーが登場するという落ちがついて、このナンバーは終る。

この物語は終始華麗なダンスで綴られる。その後、ドンがシンプソンに「どう思う？」と訊ねると、シンプソンは「どうもうまく想像できないな。まず映画にして見せて貰おう」と答える。プロデューサーが口頭の説明を聞いて画面を想像できないのは問題だと言わざるをえないが、実はこれはアーサー・フリードの口癖だったらしい。シンプソンは明らかにフリードをモデルにしているから、作者たちはちょっとした遊びとしてシンプソンにこう語らせたのであろう。『踊る騎士』の初日は大成功だった。調子に乗ったリーナは舞台で挨拶し、歌まで歌うことになる。しかし歌は苦手なので、幕の後ろでキャシーに歌わせ、それに合わせて口を動かす。やがて、ドン、コズモー、シンプソンの三人はキャシーを隠している幕を上げ、映画が観客をだましていた仕掛けのすべてを明らかにする。驚いて映画館を出て行こうとするキャシーをドンはとめ、「あなたは私の幸運の星」を歌い始める。キャシーも和する。やがて、歌っている二人の横顔は巨大な絵看板に描かれた横顔に変る。そして現実の二人が絵看板を見上げている。

絵看板はスターとなったキャシーがドンと共演する新作を宣伝するためのものだ。では、新作の題名は？　これがたとえば『踊る騎士』といったものだったら、観客は素直に納得するに違いない。だが題名は『雨に唄えば』——我々が今しがた見終えた作品に他ならない。『雨に唄えば』とは『雨に唄えば』という映画を制作する過程についての映画であったことになる。こうして制作された映画は、やはり『雨に唄えば』と題されていて、やはり『雨に唄えば』への言及を含んでいるに違いない。こういう入れ子細工の構造は無限に続くのであろう。それなら、現実はどこに見出されるのだろう。それとも、現実などというものを見出そうとすることは誤りなのであろうか。『雨に唄えば』とは高度のメタ映画であり、現実を徹底的に相対化した作品だと理解するほかなさそうだ。

『雨に唄えば』「あなたは私の幸運の星」ジーン・ケリー、デビー・レノルズ

ジーン・ケリーには顕著なバレエ指向の傾向があった。「ブロードウェイ・メロディー」のように一貫した物語をもつナンバーはもちろん、「雨に唄えば」さえも小品のバレエと見なすことができよう。だが、この分野のケリーの仕事として歴史的に最も重要なのは、『ワーズ・アンド・ミュージック（詞と曲）』（ノーマン・タウログ監督、一九四八年）に含まれている「十番街の殺人」のナンバーであろう。

『ワーズ・アンド・ミュージック』は、作曲家リチャード・ロジャーズと作詞家ロレンツ・ハートの伝記映画という体裁になっているが、なかみは二人の人生を忠実に辿ったものでは全くない。この映画の魅力は、要するに、二人の作品を数々のスターが歌ったり踊ったりしているところにあるのだ。ロジャーズとハートはいくつものブロードウェイ・ミュージカルを発表したが、そのひとつにミュージカルの世界とバレエの世界の融合（あるいは拮抗）を描いた『オン・ユア・トーズ（爪先立って）』（一九三六年初演）があった。この作品の振付はジョージ・バランシーン（一九〇四〜八三）が担当した。「十番街の殺人」は作中の大詰で披露されるナンバーである。

十番街とはマンハッタン島の西部、ハドソン川に近いところにある南北の通りで、場末である。安っぽいナイトクラブを男のダンサーが訪れ、経営者のビッグ・ボスに金を渡し、店のストリッパーを相手に踊る。嫉妬したビッグ・ボスは男を射殺しようとするが、弾丸はストリッパーに命中してしまう。ダンサーはピストルを奪ってビッグ・ボスを殺す。何が起ったかを悟ったダンサーは狂ったように踊る（初演でダンサーを演じたのは、後に『オズの魔法使』で案山子を演じることになるレイ・ボルジャーだった）。

『ワーズ・アンド・ミュージック』（1948）「十番街の殺人」ヴェラ＝エレン、ジーン・ケリー

映画版の「十番街の殺人」では、ジーン・ケリーが男のダンサー、ヴェラ＝エレンが相手役の女を演じている。ケリーは振付も担当したが、設定をかなり変更した。男性ダンサーは自室で目覚め、外出し、街路にいる魅力的な女性に気づく。二人は何となくエロティックな振りで踊る。意気投合した二人は、近くの安っぽい酒場に入って踊り続ける。その様子を見て嫉妬したらしい男がダンサーにピストルを向けるが弾丸は女に当る。ダンサーは男と格闘する。男は今度こそダンサーを撃つ。男は女の遺体を抱き上げ、入口に向うが、そこで力尽き、絶命する。

つまり、踊っていた男女の両方が死んでしまうのである。女の正体ははっきりしない（娼婦なのかも知れない）。この女とピストルを撃つ男の関係もよくは分らない。いずれにせよ、もとの舞台版に含まれていた喜劇的な要素は消え、所要時間も短くなっている。注目せねばならないのは、ケリーもヴェラ＝エレンも本格的なバレエの動きを披露していることだ。この場面はモダン・バレエがミュージカル映画に採り入れられた最初の例として記憶されている。

3

ジーン・ケリーはミュージカル映画とアニメーションとを結びつける仕事においても先駆者的な役割を演じた。彼が最初にアニメーションを採用した作品は『錨を上げて』（一九四五年）だ。ジョー（ケリー）とクラレンス（フランク・シナトラ）という二人の水兵が休暇で上陸し、ハリウッドで四日間を過ごすという、後の『踊る大紐育』を予告するような設定が用いられている。水兵たちは一人の少年と知り合う。ジョーはその少年が通っている学校へ出向き、自分がどんないきさつで勲章を貰ったかを生徒たちに語るが、このくだりでアニメーションが使われているのである。

ある日、ジョーは笛を吹きながら田舎道を歩いていたが（ジョーは最初は水兵の服装だったが、途中で元気のいい水夫のいでたちに変る）、不意に道路に空いていた穴に落ち、見知らぬ国に迷い込む。そこは妙に静まり返った場所だったが、彼が笛を吹いたり歌を歌ったりしていると、さまざまの動物が現れ（ここは動物の国らしい）、静粛にするように求める。歌ったり踊ったりすることは国王によって禁止されているというのだ。ジョーは王が暮している城へ乗り込んで行く。トムという猫とジェリーという鼠が登場する有名なアニメーションがあるが、この国の王はジェリーだった（トムも召使として登場する）。ジョーは沈みこんでいるジェリーに向って、元気を出せ、陽気になれと説き、踊ってみせる。ジェリーは彼にならい、次第に活発に踊るようになる。こうして憂鬱な気分から解放された王は、ジョーの功績を認め、勲章を贈った。これがジョーの物語である。

つまり、ジョーが語る物語が子供たちの想像力によって視覚化されてアニメーションとなり、それを観客が見るという構造になっている。そして、アニメーションの世界では、この世界の本来の存在である動物たちと、唯一の人間であるジョーとが共存しているのである（ケリーが構想したアニメーションでは、こういう共存が実現する。これが注目すべき点だ）。

実際の制作では、まずケリーの踊りが撮影された。それから、厖大なコマ数のアニメーションをそれと合成した。出来上がった映画を見ると、これが途方もない時間と手間と費用のかかるものだったことはすぐに分る。ジェリーの踊りが上達し、ケリーと同じ動きを見せられるようになる。ジェリーは更にケリーの両脚の間をくぐったり、ケリーの肩に飛び乗ったりする。みごとと言うほかない。『錨を上げて』は大ヒットとなった。

この成功で自信をつけたのか、ケリーは自分の作品でもう一度アニメーションを使うことにした。一九五六年に公開された『舞踏への招待』(監督、振付はケリー)である。これは彼の作品の中では種々の意味で最も意欲的なものだと言えよう。アニメーションを使っていない部分を含めて、歌も台詞も――要するに、人間が発する言葉は――全く現れず、物語はもっぱら踊りによって伝えられる。だからこれは長篇のバレエ映画と呼ぶこともできるだろう。全体は三部からなる。ケリーは出演はしないつもりだったが、MGMの方針で三部のすべてに出演することとなった。

第一部「嘆きのピエロ」(原題は「サーカス」)は、イタリアのどこかの町らしい場所で興行しているサーカスの物語である。ケリーは白塗りのピエロを演じる。彼は一座の花形のダンサーを慕っているが、彼女は綱渡り芸人の男と愛し合っている。彼はライヴァルの男と張り合おうとして慣れない綱渡りを試み、失敗して転落し、死ぬ。物語はこれだけだが、女性ダンサー(クレア・ソンバート[一九三五~二〇〇八])と綱渡り芸人が大きなネットをはさんでパ・ド・ドゥを演じる場面や、ケリーがマルセル・マルソー(一九二三~二〇〇七)を思わせる達者なパントマイムを披露する場面など見せ場がいくつもある。基本的にはクラシック・バレエのスタイルが守られている。

『錨を上げて』（1945）トムとジェリー、ジーン・ケリー

第二部「腕輪のロンド」（原題は「薔薇の輪作ろう」）は現代の大都会で展開し、モダン・バレエによって物語が展開する（英語の題は「リング・アラウンド・ザ・ロージー」だが、これは子供のゲームで、参加者は両手をつないで輪になり、歌い踊る）。

オーストリアの劇作家アルトゥル・シュニッツラー（一八六二～一九三一）に『輪舞』と題された喜劇（一九〇〇年初演）があるが、これが一種の原作になっている。ある男女が親密な関係になる。男の方が別の女と関係する。その女がまた別の男と関係する。こういう場面が続いて、最後に最初の場面に登場した女が、その前の場面に登場した男と関係し、これで関係が一巡する。男性と女性がそれぞれ五人登場する。

ケリーの作品では、まずある夫が結婚記念日に妻に腕輪を贈る。妻はそれを画家に与える。画家はそれをモデルに与える。モデルはそれをボーイフレンドに与える。ボーイフレンドはそれを妖婦に与える。妖婦はそれをあるクラブの歌手に与える。歌手はそれをクラブのクローク係の女に与える。この女には海軍兵士の恋人がいるが（ケリーが演じたのはこの役である）、腕輪を見て激怒し、それを奪う。兵士は娼婦に出くわし、金の代りに腕輪を渡す。娼婦は最初に妻に腕輪を贈った夫に声をかける。夫は腕輪を買い戻し、あらためて妻にそれを贈る。もちろん、どの男女の出会いにおいても、親密な関係が成立すると理解すべきであろう（おおむねエロティックな振りがついている）。男女の出会いの間には、頽廃的な社交界の様子を表現するダンスが挿入されている。

この物語の音楽はマルコム・アーノルド（一九二一～二〇〇六）という高名なイギリス人の作曲

家が書いたが、ケリーもプロデューサーのアーサー・フリードもそれが気に入らなかった。結局アーノルドの音楽は使われないことになり、代りに、『いつも上天気』の仕事をしたアンドレ・プレヴィンが選ばれた。プレヴィンは大喜びで仕事を引き受けたが、彼の知らないことがあった。「薔薇の輪作ろう」の撮影は既にすべて終っていたのである。彼は三十分ほどの無声の映画を見せられ、それに音楽をつけることを求められたのだ。影響を受けたくないと言って、プレヴィンはアーノルドの曲を聴くことは拒否し、踊り手たちの動きを仔細に見て曲を書いた。完成した映画を見ると、踊り手たちの動きと音楽は完全に合っている。よくもこんなことがやれたものだという気になる。

第三部「船乗りシンバッド」はやはり三十分ほどの物語だが、そのうちの後半二十分ほどでアニメーションが使われている（音楽はリムスキー＝コルサコフの『シェヘラザード』である）。水兵姿のケリーがアラブの国の市場で買い物をしている。買った品物のひとつはランプだが、それをこすると、白煙がたちこめ、少年が現れる。現れたのはもちろん魔法のランプの魔物だが、恐ろしい男ではなくて可愛い少年になっている。シンバッドがもう一度ランプをこするとまたもや白煙がたちこめ、少年は水兵の服装になる。やがて二人の前に一冊の書物が現れ（書物は『千一夜物語』なのであろう）、二人はそこに描かれている世界に入り込む（ここからがアニメーション）。シンバッドは龍に襲われるが、少年が笛を吹くと、龍は友好的になる。二人は宮殿へ向い、ハーレムにやって来る。二人の衛兵がシンバッドの首を斬ろうとするが、シンバッドに丸め込まれ、一緒にタップを踊ったりする。ハーレムの美女が現れ、シンバッドと二人で一緒に野原で踊る。ロマンティックな場面である。最後に美女は現代の服装になり、シンバッド、少年とともにどこかへ消えて行く。

シンバッドと少年だけが人間で、他の人物はすべてアニメーションの世界の存在だ。『錨を上げて』の場合と比べると、アニメーションの技術がはるかに複雑化していることがよく分るが、手間も費用も大変だったらしい。MGM社では、こんな映画が一般受けするのだろうかと思い、一九五六年に一般公開された時には、完成から四年ほど経っていた。興行的には大失敗だった。ケリーは、バレエを知らない観客にバレエの面白さを伝えようとしてこの映画を作ったと語っていた。だが、公開が遅れている間にテレビが発達し、バレエは大勢の人にとって親しいものになってしまった。つまり、もっと早く公開していたら、成功していたのではないかと、批評家たちは言う。本当にそうなのだろうか。

実は『舞踏への招待』は、最初の計画では「歌を踊って」という部分を加えて、四部構成の映画になる筈だった。この部分では、よく知られたポピュラー・ソングを並べ、それに合わせたダンスを見せることになっていた。だが、完成版の映画には、この部分は含まれなかった。

この話を聞いて私がすぐに思い出したのは、『ダンシン』（一九七八年初演）というブロードウェイ・ミュージカルである。これはボブ・フォシー（一九二七〜八七）がバッハ、スーザ、ニール・ダイアモンドなどといった多様な人々の曲を選び、振りをつけた作品で、ミュージカルと言うよりむしろレヴューと呼ぶべきであろう。一貫した物語はない。ひと頃、こういう作品は〝コンセプト・ミュージカル〟と呼ばれたことがあったが、『ダンシン』の場合には特定のコンセプトが

『舞踏への招待』（1956）［上］「嘆きのピエロ」ジーン・ケリー、クレア・ソンバート［下］「船乗りシンバッド」ジーン・ケリー

認められるかどうかも疑わしい。全体を統一しているのは、要するに振付と演出を担当したボブ・フォシーという天才の個性なのである。

『舞踏への招待』を計画したジーン・ケリーは同じような立場にいたのではないだろうか。歌であれ台詞であれ、言葉を排除する。一九六〇年代以後しばらく、いわゆる前衛劇――一貫した物語を否定し、意味の明瞭な台詞を否定する劇――を称揚した一種の標語に〝肉体の復権〟というのがあった。「歌を踊って」が制作されていたら、それは『ダンシン』のような作品になっていたかも知れない。ケリーは自分が前衛的だとは考えていなかったであろう。しかし、先見の明に富む天才だったこの芸術家は、〝肉体の復権〟を体現するような作品がもてはやされる時代がやがてやって来ることを予想していたのかも知れない。もしそうなら、バレエやアニメーションに強く依存する『舞踏への招待』はむしろ早く現れすぎたと考えることもできるだろう。

ミュージカル映画はその後も作られ続けたが、その多くはブロードウェイ・ミュージカルをもとにした大味な作品だった。そして中心的な役は歌唱の訓練を受けていない俳優が演じるのが一般的になった。そういう作品にケリーが関わることはなかった。彼は俳優として劇映画に出演するのを主な仕事とするようになり、次いで、劇映画とミュージカル映画の監督として活躍した。フレッド・アステアもある時期以後、劇映画に俳優として出演するようになった。しかし、彼が映画監督を務めたことは一度もない。アステアとケリーとは多くの意味で対照的だったが、こういう事実も、もうひとつの重要な違いを示しているのではないかという気がする。

第六章　異端としてのフレッド・アステア

1

RKOを離れたフレッド・アステアは更に二十本ほどのミュージカル映画に出演したが、それらの中で、さまざまの新しい試みを見せた。そのひとつはダンスそのものを対象化することであった。こういう試みが最も集中的に現れているのは『恋愛準決勝戦』（一九五一年）である。この映画はMGMの製作で、プロデューサーはアーサー・フリードだった。フリードは作詞家から転じてプロデューサーになった人物で、四十本以上のミュージカル映画を世に送り出した。シナリオを書いたのはアラン・ジェイ・ラーナー、監督はスタンリー・ドネンで、ドネンにとってもラーナーにとっても、こういう仕事は初めてだった。

この映画では、アステアはトム・ボウエンというヴォードヴィル芸人を演じる。彼の一応の相手役はジェイン・パウエル（一九二九〜二〇二一）で、トムの妹のエレンを演じる。「一応の」と断ったのは、映画の中では二人は兄と妹で、恋人同士ではないからである。二人は船でニューヨークからロンドンへ向う。ロンドンではエリザベス王女（のちのエリザベス二世）の結婚式が行われることになっている（実際に結婚式が行われたのは一九四七年だった）。船の中でエレンはジョン・ブリンデイル卿（ピーター・ローフォード〔一九二三～八四〕）というイギリス人の貴族と知り合い、結局彼と結婚する。トムの方はロンドンで上演するショーのオーディションを受けに来たダンサーと恋仲になり、彼女と結婚する。このダンサーの役は有力政治家だったウィンストン・チャーチルの娘のセアラ・チャーチル（一九一四～八二）が演じた。

トムとエレンはアステア自身と彼の姉のアデルをモデルにしているが、俳優たちの実年齢を考慮して兄と妹になっている。実際にアデルはイギリスである貴族と知り合い、彼と結婚して芸能界を退いた。但しアステアがイギリス人女性と結婚したという事実はない。

映画が始まると間もなく、アステアが演じるトムが船のジムへメトロノームを持ちこみ、ダンスの稽古をする場面が現れる。彼は間もなく、ジムの入口近くにある木製の洋服掛けに気づき、それをダンスの相手に選ぶ。そして、それを抱き寄せたり、回転させたり、抱き上げたり――要するに人間の女優と同じように扱う。踊り終えたアステアは洋服掛けを前に出し、自分は半歩退いてカメラに向って一礼する。

このナンバーは「サンデイ・ジャンプス」と題されている。「日曜に跳ぶ」とでも訳したらいいだろうか。これは日曜がいやで、仕事ができる平日を待ちかねている男（つまり、アステア自身のような仕事中毒気味の男）が思いを述べる歌で、アラン・ジェイ・ラーナーが作詞、バートン・レイン（一九一二〜九七）が作曲を担当したが、映画では曲だけが流れる。

アステアが生命をもたない物体を相手に踊ったのはこれが初めてではなかった。『ブロードウェイのバークレー夫妻』という映画がある。プロデューサーはやはりアーサー・フリードだった。アステアとジュディ・ガーランドが共演した『イースター・パレード』（監督はやはりウォルターズ、一九四八年）が大ヒットとなったので、フリードは同じ二人が出演する新作を計画したが、ガーランドが心身ともに不調で、急遽ジンジャー・ロジャーズが代役に選ばれた。この映画のシナリオを書いたのはベティ・コムデンとアドルフ・グリーンだが、この二人は後に『雨に唄えば』や『バンド・ワゴン』のシナリオを書く。つまり二人はＭＧＭミュージカルの最もソフィスティケイトされた面を体現していた人物なのだ。但し、主演女優が代ったので、シナリオは大幅に書き直された。

アステアとロジャーズの最後の共演作品となったこの映画は、中年の芸人夫婦が喧嘩したりよりを戻したりする物語を扱っている。また、これはカラー映画だった。この映画に「羽の生えた靴」というナンバーが現れる。アステアが準備しているショーの一場面という想定である。アステアはダンス用の靴を修理する店を経営しており、この店で起る事件をダンスに仕立てたものである。つまり、現実の行動が様式化されているのだが、実際に起るのはおよそ非現実的な事件だ。

アステアはある客から一足の靴の修理を依頼される。それを何気なくカウンターにおいて店を閉めると、この靴が勝手に踊り出す。当惑したアステアは試しにその靴を履いてみる。靴に強いられてアステアはやむなく踊る。もちろんアステアが自主的に踊っているのだが、彼は靴に強いられ、意に反して踊るという動きを見せる。これをあまり露骨にやると、説明的でわざとらしくなるのだが、アステアの動きはまことに自然である。そのあたりが絶妙だ。やがて彼は「羽の生えた靴」を履いて踊る楽しさを歌い始める。すると棚に並んでいる他の靴も勝手に踊り出す。閉口したアステアはほうきで靴を片づけようとするが、一向にうまく行かない。業を煮やした彼は二挺のピストルを取り出し、靴を撃つ（このくだりは、『トップ・ハット』の「シルクハットと白いネクタイと燕尾服」の大詰で、アステアがステッキを銃に見立てて男性ダンサーたちを射殺する場面を思い出させる）。ほっとしたアステアを、息を吹き返した靴が大挙して襲い、このナンバーは終る。

もちろん、この場面では特殊撮影が用いられた。まず、全身黒ずくめのダンサーたちが黒い幕の前で踊った。撮影ずみの画面では靴しか見えない。この映像とアステアが踊る映像とを合成して、場面は出来上がったのだが、これがおそろしく複雑な技術を必要としたことは考えてみるまでもあるまい。これに対して『恋愛準決勝戦』の「サンデイ・ジャンプス」は別にトリックを必要としてはいない。アステアが実際に洋服掛けを相手に踊るところをそのまま撮影したにすぎない。どちらが興味深いかは、議論の分れるところかも知れない。

『恋愛準決勝戦』で私が次に注目したいのは、「目を開けて」というナンバーである。アステアとジェイン・パウエルが演じる兄と妹は、ロンドンへ向う船の客たちのためにショーに出演することになるが、折悪しく海が荒れ模様だった。最初は順調に踊っていた二人は体勢を保つことができなくなり、ある船客が掛けていたソファに向って倒れこむ。はずみで果物の鉢がひっくりか

『恋愛準決勝戦』(1951)「サンデイ・ジャンプス」フレッド・アステア

えり、床一面に果物が散乱する。二人は苦労しながら何とか踊り終えるが、二人の背後にあるソファが傾いた床を移動して来ていた。ソファは背後から二人を襲う。不意を突かれた二人はソファに腰を下ろさざるをえない。

このナンバーはアステア姉弟の実体験に基づいていた。一九二三年三月、二人はロンドン初出演を果すために大西洋を渡ったが、航海の途中に船客たちのためのショーに出演した。問題のショーでは「重力の法則が勝利を収めた」と、アステアは自伝で記している。開き直った二人はわざと滑稽な動きを採り入れ、大いに受けた。あるイギリス人船客は、「お二人のショーはロンドンでは大ヒットになりますよ」と言ったそうである。

ナンバーが失敗することに面白みを見出すという趣向は、既に『艦隊を追って』(一九三六年)の「私は全部の卵をひとつの籠に入れている」でも用いられている。軍艦でチャリティ・ショーを演じることになったアステアとジンジャー・ロジャーズがリハーサルをやるのだが、うまく行かない。二人はぶつかったり転倒したりする。たまたまどちらのナンバーも船の上に設定されているが、『艦隊を追って』の場合、うまく行かないのは稽古不足であるからで、別に船が揺れているからではない。いずれにせよ、アステアがかなり早い時期から、ナンバーの失敗によって観客を面白がらせることに興味をもっていたことは、記憶しておいてもいいのではないかという気がする。

だが、『恋愛準決勝戦』を通じて、意外さによって観客を驚かせるナンバーとしていちばんよく知られているのは、「君は僕には全世界」である。アステアはオーディションを受けに来たセアラ・チャーチルに夢中になる。ある晩、彼は劇場の前に置いてある看板から彼女の写真を抜き出し、それをホテルの部屋へもって帰って、眺めながら写真の彼女に歌いかける。やがて彼は床で踊り出し、壁を伝いながら踊り続け、とうとう天井に達する。天井でタップを踏む彼は、観客には、逆立ちで踊っているように見える。彼は別の壁を伝い、もとの床へ戻る。これより前の場面で、アステアはチャーチルに向って、「恋をすると、壁や天井で踊れるような気分になるものだ」と語っていたが、彼はそういう気分を目に見えるかたちで示したのである。この場面は、部屋全体のセットを巨大な円筒の内部に組み、家具やカメラマンを部屋の床に固定し、円筒を回転させて撮影したということである(だから、アステアが天井でタップを踏む場面では、カメラマンは床からぶら下がって撮影したことになる)。

私がこの場面について何よりも興味深く感じるのは、アステアは確かに一定の距離を移動するのだが、この移動は実はある部屋を一巡するものにすぎないという点である。この場合も、彼の演技空間は決して広いとは言えない部屋に限定されているのであり、観客は常に彼の全身を視野に入れている——つまり、彼のダンスはむしろ劇場的なものだという事実である。

アステアが重力の法則を無視した出演映画はもうひとつあった。『ベル・オブ・ニューヨーク』(チャールズ・ウォールターズ監督、一九五二年)である。この映画のアステアはチャールズ・ヒルという金持で遊び人の独身男を演じる。彼は何度も何度も婚約したことがあるが、結婚に至ったことは一度もない(「僕のような男と結婚したがる女とは、僕は結婚したくない」と、彼は言い放つ)。ある日、チャールズは「正義の娘たち」という、明らかに救世軍をモデルにした団体の女性たちが街頭で布教活動をしている現場に来合わせ、ひときわ魅力的なアンジェラという女性（ヴェラ＝エレン）に一目ぼれする（ＲＫＯ以後のアステアの映画で、一目ぼれという設定を利用しているのは、この作品だけである）。接近して来たチャールズに向って、アンジェラは「本当に恋をしたら、空中を歩くような気分になるものだ」と言う。

ところが、ひとりになったチャールズはいつの間にか本当に空中を歩いていた。場所はニューヨークの下町のワシントン・スクエアだが、ここにはワシントン・アーチと呼ばれる凱旋門がある。空中のチャールズは、やがてこの凱旋門に降り立つ。彼は梯子を上ってアーチの屋根に達し、踊りまくる。そしてアーチから水平方向に突き出た旗竿の上に寝そべり、眠りに落ちる。このナンバーは「見ることは信じること」と題されている（「百聞は一見にしかず」と訳した方がいいかも知れない）。

翌朝、彼はアンジェラの職場を訪れ、彼女に求愛する。やがて二人は愛し合うようになり、婚約するが、飲みすぎたチャールズは結婚式をすっぽかす。反省した彼は生れて初めて定職につくことにし、レストランの給仕になる。このレストランの給仕たちはショーを演じることになっており、アステアが披露するのが、既に言及した「私は踊る男になりたい」という〝砂のダンス〟である。アンジェラがレストランへやって来るが、客がアンジェラを侮辱したためチャールズがその客を殴り乱闘となる。アンジェラとチャールズも口論を始めるが、気がつくと二人は空高く上昇していた。人々が二人を祝福する。恋する者は空中を歩くようになるという発想が、この映画の落ちになっているのである。

『恋愛準決勝戦』「君は僕には全世界」フレッド・アステア

アステア映画としては珍しく、『ベル・オブ・ニューヨーク』は赤字だった。監督のウォールターズも、この作品には不満だった。そしてアステア自身もこの映画が気に入らなかった。そうなった理由は色々あるに違いないが、大きな理由は作品の大前提が十分に生かされてはいないことだったと私は思う。「見ることは信じること」は、アステアの空中浮揚で始まる。それは結構だ。だがワシントン・アーチに辿り着いた後のアステアは、重力の法則に支配されるようになる。なぜ彼はアーチの屋根へ行くために梯子を利用しなければならないのか。屋根の上で彼が披露するタップダンスは例によってみごとだが、このくだりはいわば「足が地に着いた」状態で演じられる。彼が高くて危険な場所で踊っている（と言うより、そういう想定になっている）のは確かだが、この踊りと地上での踊りとの間には本質的な違いは何もない。なぜ彼は旗竿の上に寝そべったりするのか。理屈を言うなら、彼は空中で踊り、空中で眠るようでなければならないだろう。『恋愛準決勝戦』の「君は僕には全世界」の場合には、アステアの一歩一歩が重力の法則を無視しているのであり、観客は映画の嘘を堪能する。だが、「見ることは信じること」の中心部分をなすダンスは嘘を排除している（かりに嘘を認めていたら、アステアは無限定な空間で踊るという無理を強いられたであろう）。「どうせ私をだますなら、だまし続けてほしかった」という歌謡曲の文句があったが、嘘をつくことにもルールがある。最初に決めたルールをゲームの途中で変更してはならないのである。

『ベル・オブ・ニューヨーク』(1952)［上］「見ることは信じること」フレッド・アステア［下］ヴェラ＝エレン、フレッド・アステア

2

アステアとロジャーズの映画は、基本的には二人の恋愛を描いていた。映画の最も重要な呼びものは二人の踊りだったが、それは要するに恋愛関係にある男女の踊りなのだった。アステアは男性のコーラスと踊ることはあったが、男性相手のデュエットを披露することはなかった。ところが、ＲＫＯを離れた後のアステアはそういうものを見せるようになった。こういう踊りを支えているものは、当然ながら恋愛ではなかったから、踊りの性質も変ることとなった。この現象を捉えた最初の作品は『踊るニュウ・ヨーク』（ノーマン・タウログ監督、一九四〇年）である。

主演はアステアとエリナー・パウエルだ。アステアはニューヨークの無名ダンサーだが、大スターのパウエルの相手役を探しているエイジェントの目にとまり、相手役の仕事を得る。そしてパウエルと結ばれる（この結末は必ずしも明瞭に示されてはいない。またアステアがパウエルの相手役に選ばれるまでには紆余曲折があるのだが、詳細は省略する）。

この映画の見せ場は、言うまでもなくアステアとパウエルの踊りで、ことに大詰近くで二人が「ビギン・ザ・ビギン」（この歌を含めて、大部分の歌はコール・ポーターが書いた）に合わせて複雑なタップダンスを見せる十分ほどの場面は圧倒的な印象を与えるが、これについては既に第二章で言及した。私が分析したいのは、映画が始まって間もなく、アステアがジョージ・マーフィーと歌い踊る「ブロードウェイをいじらないで下さい」である。ニューヨークの安っぽいダン

『踊るニュウ・ヨーク』(1940)「ビギン・ザ・ビギン」エリナー・パウエル、フレッド・アステア

スホールで余興を演じるダンサーというのが、アステアとマーフィーの役柄だ。歌の内容は、「ニューヨークの景観を改善しようとして色々なことをする人たちがいる。他の名所に手を加えるのは構わないが、ブロードウェイだけはいじらないで下さい」といったものだ。

二人は正装して登場し、ポーターの歌を歌い、観客に向ってブロードウェイをいじらないように懇願する。それから二人はタップダンスに移るが、途中でアステアが足をすべらせて転倒しそうになる（本来のアステアには考えられないことだ）。険悪な雰囲気になり、とうとう二人はステッキを剣に見立てて決闘する。アステアが致命傷を負い、マーフィーに抱えられて退場する（ありえないことだが、マーフィーだけでなく、彼に身体を抱えられているアステアまでが、規則正しくタップを踏み続ける）。退場直前に、二人はシルクハットをかざして観客に挨拶する。それほど手がこんでいるとは言えないヴォードヴィル風のナンバーだが、それにしても、女性をパートナーとしてこのナンバーを演じることは、アステアには思いも寄らなかったであろう。映画の中では、彼とマーフィーは芸人としてはパートナーであり、実生活では友人で競争相手だという想定になっている。

マーフィーはアステアより三歳年下で、ほとんどアステアに負けないほど長い芸歴をもっていたが、このナンバーに関する限り、やはり見劣りがする。『アステアが踊る』の著者ジョン・ミューラーは、そのことを具体的に説明している。このナンバーには、タップを踏みながら顔の向きを変えるくだりがあるのだが、アステアの場合、足の動きと頭部の動きが完全に連動している。つまり彼は全身で踊っている。これに対してマーフィーの場合には、足の動きと頭部の動きがば

『踊るニュウ・ヨーク』「ブロードウェイをいじらないで下さい」ジョージ・マーフィー、フレッド・アステア

らばらになっているというのである。

アステアの重要な男性パートナーとして次に挙げねばならないのはビング・クロスビー（一九〇三〜七七）であろう。二人が共演したミュージカル映画は二本ある。ひとつは『スイング・ホテル』（原題は『ホリデイ・イン』、マーク・サンドリッチ監督、一九四二年）、もうひとつは『ブルー・スカイ』（スチュアート・ハイスラー監督［一八九六〜一九七九］、一九四六年）である。どちらの作品にも、アーヴィング・バーリンの歌曲がふんだんに現れる。

『スイング・ホテル』の物語は、ジム・ハーディ（クロスビー）、テッド・ハノーヴァー（アステア）、ライラ・ディクソン（ヴァージニア・デイル［一九一七〜九四］）という三人の人物を中心にして展開する。三人は一座を組んでナイトクラブに出演しているが、ジムは芸能界から退いて田舎で牧場を経営しようと思い、ライラを誘う（ジムもテッドも彼女を愛している）。ライラは誘いを断り、テッドを相手役として芸能界の仕事を続ける。ジムは牧場の仕事が予想外に重労働だったのであきらめ、田舎の広大な屋敷をホリデイ・インという名のホテルにして、祝日だけ営業してショーを上演するという計画を立てる。彼はリンダ・メイソン（マージョリー・レノルズ［一九一七〜九七］）という女優志望の娘と知り合い、彼女が好きになる。一方、テキサス州の大金持と結婚するライラにふられたテッドは、泥酔してホリデイ・インを訪れ、やはりリンダが好きになる。リンダはテッドと一緒に仕事でハリウッドへ行き、彼と一度は婚約するが、結局それを解消してジムと結婚する。テッドは悔い改めたライラとよりを戻す。

『スイング・ホテル』（1942）左からビング・クロスビー、ヴァージニア・デイル、フレッド・アステア、マージョリー・レノルズ

アステアのいくつかのナンバーはそれなりに面白いのだが、ジンジャー・ロジャーズと組んだナンバーと比べると明らかに見劣りがする。アステアは「あなたの心を捉えよう」という映画の最初のナンバーではクロスビーと共演するのだが、これについても無理がある。アステアは踊りによって、クロスビーは歌によって、ヴァージニア・デイルの心を捉えようとする（全体はナイトクラブ用のだしものという想定になっている）。男優たちはそれぞれの得意芸によって女性に訴えるのであり、二人がそれぞれ相手の芸のパロディを演じるくだりなどもあるが、カテゴリーの異なる芸を競い合うのだから、所詮は競争にならない。それに、これは決定的な点だと思われるのだが、アステアの歌唱は十分聞くに堪えるのに対して、クロスビーの踊りは――とりわけアステアの前へ出ると――とても見られたものではない。

私がいちばん面白いと感じるのは、泥酔してホリデイ・インへやって来たアステアが、レノルズを一応のパートナーとして演じる、「あなたは踊りやすい相手だ」というナンバーである。アステアは酔っているから、動きがままならない。足が動かなかったり、上半身と下半身の動きが一致しなかったりする。最後に彼はみごとにひっくり返ってしまう。もちろん、すべては綿密に計算されており、アステアはぶざまな動きを巧みに演じることによって、かつてのアステア自身の踊りを茶化しているのだ。

この映画は興行的には大成功だった。全篇を通じて、種々の祝日に因んだバーリンの歌が披露されるのだが、最大のヒットは「ホワイト・クリスマス」だった。そして、この映画の一種の続篇として作られたのが『ブルー・スカイ』である。『スイング・ホテル』と同じくマーク・サンドリッチが監督する予定だったが、彼が急死したので、スチュアート・ハイスラーが監督した。『アステアが踊る』の著者ジョン・ミューラーはこの映画を酷評しているが、私自身は、『スイング・ホテル』と比べものにならないほどひどいとは思わない。

さて、ジェッド・ポッター（アステア）とジョニー・アダムズ（クロスビー）は親友で、かつては軍隊で一緒だった。ジョニーには、ナイトクラブを買い、経営に成功すると、それを処分して、別のナイトクラブを買うという奇癖がある。新しいナイトクラブを買うたびにアメリカ国内を移動する結果となるので、彼の恋人のメアリー・オハーラ（ジョーン・コールフィールド［一九二二〜九二］）は、そういう不安定な生活が気に入らない。それでも二人はやがて結婚し、女児にも恵まれるが、離婚する（最後に二人はまた和解する）。一方、ジェッドは終始メアリーに好意を抱いて、独身を通して来たが、夫と別れた彼女と婚約する。だが、最後の瞬間にメアリーは彼から逃れる。いたく失望したジェッドは酩酊状態で舞台に出、舞台装置の橋から転落して負傷し、二度と舞台に立てなくなる。このナンバーは「ヒート・ウェイブ（熱波）」と呼ばれている。つまり、趣向においては『スイング・ホテル』の「あなたは踊りやすい相手だ」に通じるところがあるのだが、踊り手が酔っていることはナンバーの終り近くまで明示されない。

だが、この映画の最も注目すべきナンバーは、既に言及した「プッティン・オン・ザ・リッツ」である。すなわち、アステアは自分と基本的には同じ動きをする大勢の自分と一緒に踊るのだ。また、彼は今回もクロスビーをパートナーとして「ア・カップル・オブ・ソング・アンド・ダンス・メン」というナンバーを見せる。二人が、それぞれ踊りと歌という得意芸を披露する一方、アステアは歌、クロスビーは踊りという、相手の得意分野に入り込むこともある。前作以後、クロスビーの踊りがやや上手になったような印象を受けるが、全体としてはあまり統一感がない。二本の映画は、つまるところ、二人の大スターの人気に寄りかかったものだったと思う。

それにしても、なぜアステアとクロスビーは何度も何度も同じ女性が好きになるのだろうか。二十世紀後半を代表するイギリスの劇作家ハロルド・ピンター（一九三〇〜二〇〇八）は、同じ女性と親密な関係になる——それは、必ずしも肉体的なものでなくてもいいのだが——二人の男性の間に生れる同性愛的な感情を何度も戯曲で採り上げた。いちばん有名な例は『背信』（一九七八年初演）であろう。ジェリーという男が、大学時代からの親友であるロバートの妻エマと何年にもわたって不倫関係を続ける。ジェリーがそういう関係に至ったのは、単にエマに魅力があるからではなく、彼女が親友の妻でもあるからだと、考えるべきだろう。親友の妻であるという事実が、エマをジェリーにとって一層魅力的な存在にしているのではないか。戯曲を素直に読んだら、そう理解するほかない。『スイング・ホテル』や『ブルー・スカイ』の二人の男の間に同性愛的なものを読み取るのは、おそらく考えすぎであろう。それに、もちろんこの時代の映画では、同性愛はタブーであった。しかし、芸術作品は作者の意図を離れて存在している。現代人には、これらの映画をもっと自由に解釈することも許されるのではないだろうか。

なお、アステアは『ジーグフェルド・フォリーズ』（一九四五年）でジーン・ケリーと共演しているが（現役時代の二人が共演したのは、これが最初で最後だった）、これについては次の章で論じる。

『ブルー・スカイ』（一九四六）ビング・クロスビー、フレッド・アステア

3

ジンジャー・ロジャーズとの共演を打ち切った後に、アステアは数多くの女優をパートナーに選んだが、どの女優との関係も長続きしなかった。二度共演した女優も僅か三人しかいなかった。すなわち、リタ・ヘイワース（『踊る結婚式』『晴れて今宵は』）、ヴェラ＝エレン（『土曜は貴方に』『ベル・オブ・ニューヨーク』）、シド・シャリース（『バンド・ワゴン』『絹の靴下』）である。『イースター・パレード』で共演したジュディ・ガーランドとは、また一緒に仕事をしたいとアステアは望んだが、ガーランドの健康状態が障害となり、再度の共演は実現しなかった。

ブロードウェイとハリウッドの両方で活躍したオナ・ホワイト（一九二二〜二〇〇五）という振付家がいたが、彼女は、アステアの代表的な相手役女優として、ロジャーズ、ヘイワース、シャリースの三人を挙げ、強いて一人をと言われたら、自分はリタ・ヘイワースを選びたいと述べている。「彼女がすることには必ず快い意外性があったが、他の二人の場合には予想通りのことが起った」、「フレッドは、ジンジャー・ロジャーズを相手にすると自分のテクニックに頼ったが、リタが相手だと、彼自身のスタイルをもっと多く用いた」というのが、ホワイトの説明だ。要するに、アステアとヘイワースは波長が合ったというのである。いかにもダンスというものを知り尽くした人の発言として、よく分るような気がする。

既に何度も言及した『アステアが踊る』の著者ジョン・ミューラーも同じ意見のようだ。二人が初めて共演したのは『踊る結婚式』（シドニー・ランフィールド監督［一八九八～一九七二］、一九四一年）だった。この映画の原題は『金にはならない』だが、これは「金にはならない、溝を掘っても——ここは軍隊だ」という歌の一節に由来する。この映画が始まると間もなく、振付家役のアステアが大勢のコーラス・ガールたちとダンスの稽古をしている場面が現れる。アステアはコーラス・ガールのひとりであるヘイワースを指名し、彼女の踊りに註文をつけ、いわゆる「特訓」を行う。ヘイワースはアステアが見せる振りをすぐに覚え、彼と一緒に踊る（もちろん、撮影の前に入念な稽古が行われたと考えねばならない）。アステアはヘイワースに才能があることを認める。但しミューラーは二人の動きに微妙な違いがあることを指摘し、これは偉大なダンサーと優秀なダンサーの違いなのだと述べている。それはいいのだが、ミューラーはヘイワースの演技については保留をつけている。彼女には冷たくて近寄り難いところがあり、恋愛物語の女主人公を演じるには必ずしも適していないというのだ。

甚だ興味深いことに、この映画には彼女のこういう面を利用したナンバーが含まれている。「これほど近いのに、これほど遠い」というナンバーである（この映画の歌はすべてコール・ポーターが作った）。まずアステアがヘイワースに歌いかける——「僕が心を開くと、君は必ず消えてしまう」、「君がすぐそばにいると感じると、君は遠くにいることが分る」といった詞である。そして二人は踊るのだが、二人の間の距離は微妙に変化する。距離がごく短くなっても、二人が互いに触れ合うとは限らない。接触が起っても、身体のどの部分とどの部分がどんな風に接触しているのかは実に多様である。つまり、二人の間の心理的距離が——もっと具体的に言うなら、求愛と拒絶という心の動きが――視覚化されるのだ。こういう状況を描写する踊りを、アステアはジンジャー・ロジャーズを相手に何度も踊ったが、そちらはおおむね単純明快で分りやすい。考えようによっては、アステアとヘイワースの暗示的な踊りの方がエロティックなのである。

『踊る結婚式』の物語そのものは、かなり馬鹿馬鹿しい。女好きの劇場主マーティン・コートランド（ロバート・ベンチリー［一八八九～一九四五］。なおベンチリーはユーモア作家としても広く知られていた）は、シーラ・ウィンスロップ（リタ・ヘイワース）というコーラス・ガールに目をつけ、高価なブレスレットを贈って誘惑しようとする。だが、そのことが妻に知られそうになったので、マーティンは振付家のロバート・カーティス（アステア）がシーラにブレスレットを贈りたがっているという嘘をつく。ロバートは間もなく召集されて軍隊に入る（この映画が公開された一九四一年に、アメリカは日本との戦争を始めたのだった）。入隊したロバートは思いがけずシーラに再会する。実は彼女のボーイフレンドがこの隊にいたのだ。マーティンは兵士たちのために、この基地でショーを上演することを依頼される。さまざまの誤解や混乱の後、ショーはシーラとロバートの主演で上演される。ショーには二人が結婚する場面があるが、ロバートはひそかに本物の治安判事を招き、式を執り行うことにしていた。こうして、ロバートとシーラは本当に結婚してしまう。ロバートを憎からず思っていたシーラもこの状況を受け入れる。新郎新婦は新婚旅行に出発する。

映画の最後のナンバーは、戦車のかたちをした巨大なウェディング・ケーキが舞台に据えられ、大勢のダンサーが踊るというものである（これが邦題の由来であろう）。

『踊る結婚式』（1941）フレッド・アステア、リタ・ヘイワース

アステアとヘイワースの二本目の映画『晴れて今宵は』（ウィリアム・A・サイター監督、一九四二年。原題は『貴方がこれほど綺麗だったことはない』）では、ヘイワースは前作ほど緊張していなかったように見えるが、硬さは依然として残っている。その上、この映画の筋が前作の場合に劣らず強引で不自然である。ブエノスアイレスで高級ホテルを経営しているエドゥアルド・アクーナ（アドルフ・マンジュー［一八九〇～一九六三］）には四人の娘がいる。長女は最近結婚したが、次女のマリア（ヘイワース）は男性に全く興味がない（ある人物は、彼女はまるで冷蔵庫の内部のようだと言う）。三女と四女には恋人がいるが、娘たちは年齢順に結婚すべきだとする父親の方針のせいで、結婚できない。エドゥアルドは匿名のラヴレターを書き、それを添えて蘭の花をマリアに送り続ける。こうすればマリアが男性に興味をもつようになるだろうというわけだ。一方、ニューヨークから流れて来た無一文のダンサーのロバート・デイヴィス（アステア）という男がおり、エドゥアルドから仕事を貰おうとしている。ある時、マリアはロバートの姿を見かけ、匿名で自分に求愛しているのはこの男だと思いこむようになる。事情を知ったエドゥアルドは、ロバートに、仕事をやるから、自分が求愛者ではないことをマリアに告白せよと命じる（もっとふさわしい相手をマリアにあてがう気なのである）。ロバートは自分が欠点だらけであることをマリアに告げるが、マリアはかえって彼が好きになる。その後、色々な混乱が起り、ロバートは人々の前で真相を明かす。それを見て、エドゥアルドは、ロバートは意外に立派な男らしいと感じ、彼とマリアとの結婚に協力しようと言う。ロバートはあらためてマリアに求婚し、彼女も彼を受け入れる。

『晴れて今宵は』（1942）リタ・ヘイワース、フレッド・アステア

ロバートがマリアに自分が欠点だらけの人間であることを告げる場面で、かえって二人の気持が接近し、二人は「私は古風」というナンバーを踊る。『踊る結婚式』の「これほど近いのに、これほど遠い」を思わせるナンバーだ。そして今度も、盛り上がりそうで盛り上がらない。それはそうだろう。ロバートは自分が求婚者ではないという事実をまだ彼女に告げてはいない。マリアの好意を素直に受け入れ、幸福感に浸るといった風になれるわけがない。この場合に限らないが、「アステアは、シナリオと音楽が暗示しているロマンティックでエロティックな可能性をダンスにおいて探求しつくす気が、あまりないように見える」と、ジョン・ミューラーは述べている。ダンス場面では、アステアはもちろん、ヘイワースも技巧的には申し分ない。しかし、二人のダンスにはアステアとロジャーズのダンスに充満していた解放感が欠けている。その上、ダンス以外の場面のヘイワースは表情が乏しすぎる。残念ながら、アステアとヘイワースが共演した二本の映画のどちらも、私は物足りなく感じざるをえない。

アステアがヴェラ＝エレンと共演した『ベル・オブ・ニューヨーク』は既に吟味した。もう一本の『土曜は貴方に』（リチャード・ソープ監督［一八九六～一九九一］、一九五〇年。原題は『三つの短い単語』で、これは「アイ・ラヴ・ユー」を意味する）は、バート・キャルマー（一八八四～一九四七）とハリー・ルービー（一八九五～一九七四）という二人の実在の人物を主人公にした作品である。二人ともヴォードヴィルの出身で、やがてキャルマーが作詞、ルービーが作曲を担当して、数多くのポピュラー・ソングを発表するようになった。映画は二人の仕事と私生活を事実とフィクションを

『土曜は貴方に』（1950）左からレッド・スケルトン、ヴェラ＝エレン、フレッド・アステア

まじえて辿りながら、二人が作った歌の数々を紹介するという、非常に楽しいものになっている。キャルマーをフレッド・アステア、ルービーをレッド・スケルトン（一九一三〜九七）、キャルマーの妻となるヴォードヴィル芸人をヴェラ＝エレンが扮している。

映画が始まると、まず、アステアとヴェラ＝エレンが演じる「あの子をどこで手に入れた？」というナンバーが披露される。「一体あの女の子をどこで手に入れたんだ？　君は運のいい男だな」といった詞のついた歌だが、私が問題にしたいのは二人の服装である。二人とも、シルクハット、白いネクタイ、燕尾服というでたちで、ステッキをもっている。つまり正装しているのだが、もちろんこれはヴォードヴィルではよくあったことで、たとえば『踊るニュウ・ヨーク』の「ブロードウェイをいじらないで下さい」のアステアとジョージ・マーフィーも同じ服装をしていた。ただ、この場合と違って、アステアは女性をパートナーとしている。しかし、ヴェラ＝エレンはアステアと同じ服装である。彼女は男装していると言うべきなのだろうか。

だが、ヴェラ＝エレンは自分が女性であることを全く隠そうとしない。彼女は女性の声で歌う（厳密に言うと、彼女の歌は別の歌手が吹き替えた）。先の話になるが、アステアはジュディ・ガーランドと共演した『イースター・パレード』でも同じ趣向を用いている。「二人の伊達男」というナンバーで、アステアとガーランドは華やかな社交界の生活を楽しんでいる伊達男を演じる。但し二人は実は浮浪者なので、破れてほこりだらけの礼服を身につけている。そして、ガーランドの性別はあまり問題になってはいないように見える。正装は男女の性別を超越するのだろうか。『イースター・パレード』や『土曜は貴方に』を観ていると、そんな気になることがある。

4

『イースター・パレード』と『バンド・ワゴン』（ヴィンセント・ミネリ監督、一九五三年）という二本の傑作によって、フレッド・アステアは自らの過去を完全に対象化した。リタ・ヘイワースを相手役とする二本の映画の場合と違って、彼は、恋する若者を無理をして演じることはもはやなかった。時には彼は堂々と過去の自分を戯画化した。過去の自分は現在の自分とは別の存在であることを、受け入れたのである。

『イースター・パレード』の歌の作詞作曲はアーヴィング・バーリンが担当した。バーリンは一九三三年の『万人の歓呼』というレヴューのために「イースター・パレード」という歌を書いたが、映画では、この歌を含む既存の歌と新作の歌とが使われている（なお、イースター・パレードとは、イースターの日に着飾った男女がマンハッタンの五番街を練り歩くという行事のことである）。映画はジーン・ケリーとジュディ・ガーランドを主役にして制作される筈だったが、ケリーが怪我をしたので、引退していたアステアが引張り出された。

アステアが演じたのはドン・ヒューズというヴォードヴィル芸人だった。彼にはネイディーン・ヘイル（アン・ミラー）というパートナーがいたが、彼女は独立を宣言する。憤慨したドンはハナ・ブラウン（ガーランド）という無名の踊り子に目をつけ、彼女に厳しく芸を仕込む。映画の撮影が行われた時のアステアは四十八歳、ガーランドは二十五歳で、親子ほどの年齢差があった。

アステアが演じるドンは独身ではあったが、ネイディーンは仕事のパートナーであると同時に彼の恋人でもあったようだから、ドンはうぶな青年ではなくて、それなりに女性経験もある大人だと考えられる。それまでのアステアがこういう役を演じることはあまりなかった。

映画は一九一一年のイースターの前日に始まる。ドンが上機嫌で「イースターおめでとう」と歌いながら五番街を歩いている。彼はネイディーンに贈るための帽子を買い、ついで玩具店に入る。イースター・バニーを買おうとしたのである（イースター・バニーとは、菓子などが入った「イースター・バスケット」をもって来ると想定される兎のことである。映画では大きな縫いぐるみの兎になっていた）。ところがドンが狙っていた兎は、可愛げのない少年が摑んで離そうとしない。ドンはドラムがいくつもあるのに目をつけ、タップを踏みながらそれらを演奏する（アステアがドラム演奏の腕前を披露するのは、これが初めてではなかった）。少年がそちらに気を取られている間に、彼は狙っていた兎を手に入れる。このナンバーは「ドラム・クレイジー」と呼ばれている。

ところが、贈り物を受け取ったネイディーンは、ドンのパートナーをやめ、ヴォードヴィルよりも高級な芸能に出演したいと宣言する。ドンは彼女の翻意を促すため、「貴方と踊る時だけ、それは起る」という歌を歌い、踊る。これは優雅なダンスで、過去のアステアの踊り、いわばジンジャー・ロジャーズを相手にした踊りを思い出させる。踊り終えたドンはネイディーンにキスし、彼女も応じるのだが、それでも彼女は翻意しない。

あきらめたドンは近くのクラブへ出かけ、親友のジョニー・ハロー（ピーター・ローフォード）に向って、「この店で踊っているどのコーラス・ガールでも、ネイディーンの代りがつとまるようなダンサーに仕立ててみせる」と宣言する。ドンが選んだのは、ハナ・ブラウンという目立たない女だった。

翌日はたまたまイースターだったが、予定通りドンはハナに稽古をつける。ところがハナはひどく不器用である。実は彼女は左利きだったが、それを無理に矯正しようとしたので、左右の区別が分らなくなった。どうやらこの女は精神的にも不安定なようだ。この場面で二人が稽古する踊りは、依然としてドンとネイディーンとの踊りに似ている。

二人はイースター・パレードの群衆にまじって五番街を歩く。すると向うからネイディーンがやって来る。いかにも華やかで、カメラマンたちが彼女を取り巻いている。ドンはハナに向って、「来年のイースター・パレードでは、君が皆の注目の的になるだろう」と言う。ところが、そういう事態はすぐに実現した。向うからやって来る男たちは、ハナを見ると微笑し、彼女の方を振り返るのだ。ハナの後ろを歩いているドンには分らないが、ハナは顔をしかめ、奇妙な表情を浮かべて人々の注意を惹くようにしていたのだ。

やがてドンとハナはヴォードヴィルの舞台で「美しい顔」という踊りを演じる。既に述べたが、この場面は、アステアとジンジャー・ロジャーズが『トップ・ハット』で披露した「頬寄せて」を踏まえている。すなわち、「頬寄せて」では女優の衣装からたくさんの羽根が飛散するのだが、同じことが今度も起るのである。もちろん「美しい顔」の場合には、すべては計算ずくだ。この場面はかつてのアステアを戯画化するために、意図的にまずく作られているのである。

ドンはハナを第二のネイディーンに仕立てようとしていたこと、それは誤りであったことを悟り、ハナ自身の魅力を強調する踊りを見せることにする。ここで、優雅や華麗ではないが、素朴で活気のあるナンバーのメドレーが続く。稽古を重ねた挙句、ドンとハナはジーグフェルド・フォリーズのオーディションを受け、採用される。しかしドンは出演を断る。ネイディーンがジーグフェルド・フォリーズに出演することは既に決っており、ハナを彼女と同じ舞台に立たせるわけにはいかないというのである。

この映画には、ヴォードヴィルやレヴューの場面という想定のナンバーが頻出するが、ここでネイディーンの「ブルースを振り払って」というナンバーが現れる（「ブルース」は「憂鬱な気分」といった意味だ）。アン・ミラーはすらりと伸びた脚の持主でタップの名手だったが、彼女のソロのこのナンバーは、このレヴューの呼びものだったという想定になっている。客席でドンがそれを見ている。おそらく彼はまだネイディーンにいくらか未練があると理解すべきなのだろう。この映画の物語には色々な側面があるが、そのひとつはドンがネイディーンに対する好意を完全に忘れてハナだけを思うようになるまでの過程を辿ることだと言えよう。

幸いドンとハナは別のレヴューの仕事を得た。そしてまず披露されるのが、「僕のベイビーと外出して」というナンバーである。舞台奥から本舞台に通じる階段の踊り場にドンが登場し、「僕はいい気分だ、僕のベイビーと出かけることになってるからだ」と歌う。そして本舞台に降りて来て、三人の「ベイビー」を相手に踊る。もちろん相手に応じて踊りの振りが変る。なお、「ステッピング・アウト」という原題には、「出かける」という意味だけでなく、「性的な関係を

『イースター・パレード』（1948）フレッド・アステア、アン・ミラー

もつ」という意味もあるから、「ベイビー」相手の踊りにはそういう含みもあるかも知れない(ちなみにジョン・ミューラーは、このナンバーの場所は一九一二年頃の売春宿を思わせると述べている)。

さて、ドンが三人のベイビーと戯れた後に、不思議なことが起る。コーラスたちが通常の速度で踊っている間に、ドンは舞台前部へ移動する。そして、しばらくの間スローモーションで踊るのだ。別々に撮影したふたつの場面を合成したのである。アステアはここでカメラを用いる遊びを披露している。

次に、よく知られていて、しかも評判のいいナンバーが現れる。「二人の伊達男」である。舞台上手から、正装したドンとハナが登場する。但し二人の服も帽子もぼろぼろで、ほこりだらけである。二人は浮浪者なのだ。しかし、二人は豪華なパーティに出かけるのだと歌う。要するに、正装した社交界の男女(と言うより、同じ服装なのだから、男たちと言うべきだろうか)のパロディなのだ。二人は歌ったりふざけたりしながら、下手へ退場する。その間に洒落た店のショーウィンドーなどを描いた背景が下手から上手へ動く。背景を人物の進行とは逆の方向へ動かし、人物が移動する距離を実際より長く見せるというのは、よく使われる手法である。

『イースター・パレード』はジーン・ケリーを念頭において計画されたが、かりに予定通りケリーが出演していたら、この場面はどんな風に処理されただろうか。そもそも、こんな場面は採り入れられただろうか。こんなことを考えるのは、ジーン・ケリーの章で紹介したように、アステアとケリーとでは空間の捉え方が根本的に異なっていたからである。『恋愛準決勝戦』の「君は

『イースター・パレード』「二人の伊達男」ジュディ・ガーランド、フレッド・アステア

僕には全世界」が好例だが、アステアは限定された空間を好んだ。これに対して、『雨に唄えば』の有名な場面が示すように、ケリーは無限定の自由な空間で踊ることを好んだ。

舞台を終えたドンとハナはジーグフェルド・フォリーズが上演されている劇場へ行く。客席のドンに気づいたネイディーンは彼を観客に紹介し、無理に舞台へあげて、一緒に「貴方と踊る時だけ、それは起る」を踊らせる。もちろん、これはハナに対するいやがらせである。ドンが席へ戻って来ると、ハナはいない。

ハナはかつて自分が働いていたクラブ、初めてドンと逢ったあのクラブへ行き、気持を落ち着かせていた。そしてホテルへ帰って来ると、自室の前でドンが彼女を待っていた。しかし、和解は成立しなかった。翌朝、ジョニーがハナの部屋へやって来る。そして、ドンがオーディションで新しいパートナーを選ぼうとしていると告げる。自分が心からドンを愛していることを悟ったハナは、ドンのアパートへ行き、「イースター・パレード」を歌って、彼の粋ないでたちをほめそやす。二人が知り合ってから、丁度一年経ったのだ。五番街を歩きながら、ドンは指輪を取り出し、ハナの指にはめる。

この映画が述べているのは、ひとりのダンサーが自分の過去を清算し、新たに出発するまでの物語だが、その物語は、彼の踊りのスタイルの変化、彼が選ぶ恋人のタイプの変化という目に見えるかたちで示されている。そこがみごとである。非常に率直に言うが、アン・ミラーとジュディ・ガーランドを比べたら、ミラーの方がはるかに優雅な美女である。しかし、ガーランドにはある種の活気がそなわっている。

ガーランドとの共演はアステアにとっては幸福な体験だった。彼はまた彼女と一緒に仕事をしたいと願ったが、彼女の健康がすぐれず、結局それは実現しなかった。そして、ガーランドが出演する筈だった『ブロードウェイのバークレー夫妻』でアステアの相手役をつとめたのは、他ならぬジンジャー・ロジャーズだった。皮肉なものである。

MGMのミュージカル映画の秀作の例に洩れず、『イースター・パレード』のプロデューサーはアーサー・フリードだった。『バンド・ワゴン』もフリードの製作だったが、彼は前年に公開された『雨に唄えば』で成功した二つの試みを『バンド・ワゴン』で再実行した。すなわち、特定の作者たちによる歌をいくつも選び、それをちりばめたシナリオを使うこと、また、シナリオはベティ・コムデンとアドルフ・グリーンに執筆させることである。『雨に唄えば』で使われたのは、フリード自身が詞を書き（彼はもとは作詞家だった）、ネイシオー・ハーブ・ブラウンが曲を書いた歌の数々だった。

『バンド・ワゴン』で利用しようとフリードが考えたのは、ハワード・ディーツ（一八九六～一九八三）が詞、アーサー・シュウォーツ（一九〇〇～八四）が曲を担当した歌であった。ディーツとシュウォーツは一九二〇年代から一緒に仕事をしていた経験豊富な作家たちだったが、ヒット作のひとつは『バンド・ワゴン』（一九三一年初演）と題するレヴューだった（なお「バンド・ワゴン」は、楽隊や歌手を乗せてパレードなどに参加する車のことだが、レヴューの場合も映画の場合も、この題と作品の内容との間には、それほど密接な関係はない）。

レヴュー版には、フレッド・アステアが姉のアデルと一緒に出演したが、彼は映画版でも主役のトーニー・ハンターを演じることになった。この人物はかつては有名な映画スターだったが、今では人気がなくなったという設定になっている。彼は友人たちに勧められてニューヨークでミュージカルに出演し、再起を果すと同時に、共演したダンサーとの恋を実らせるというのが、およその物語である。この映画はいわゆるバックステージもので、あるミュージカルが試行錯誤を重ねた挙句、ヒット作になるまでの経過を扱っている。

アステア自身が世間から忘れられたことはなかったが、トーニーの人物像にはアステア自身のあり方が反映している。たとえば、必ずしも長身ではなかったアステアは、相手役の女優の身長をひどく気にしたが、映画にもそういう場面が現れる。こういう楽屋落ちは他の人物についても認められる。映画には、トーニーのために新作ミュージカルの台本を書き、かつ自らそれに出演するレスター・マートン（オスカー・レヴァント）とリリー・マートン（ナネット・ファブレイ〔一九二〇～二〇一八〕）という夫妻が登場するが、この二人は、シナリオを書いたアドルフ・グリーンとベティ・コムデンをモデルにしている（実生活では、二人は夫婦ではなく、それぞれ別に配偶者がいたが、二人とも俳優として舞台に立ったことがあった）。

レスター・マートン役のレヴァントは『ブロードウェイのバークレー夫妻』や『巴里のアメリカ人』にも出演し、癖のある演技を披露している。アステアの相手役のギャブリエル（ギャビー）・ジェラードを演じたのはバレエ出身のシド・シャリースで、後に彼女は『絹の靴下』（一九五七年）でもアステアと共演した。そして、ジェフリー・コードヴァという非常にあくの強い大物俳優、大物演出家の役は、イギリスのミュージカル俳優で、「イギリスのフレッド・アステア」と呼ばれることもあったジャック・ブキャナン（一八九一〜一九五七）が演じた。

映画のタイトルにはシルクハットとステッキが現れる。このタイトルは、アステアの代表作である『トップ・ハット』のタイトルを踏まえている。こちらにも、同じようなシルクハットが現れるのだ。そして映画が始まると、まず、「トーニー・ハンターゆかりのシルクハットとステッキ」が競売にかけられている場面になる（競売人は、これは『南へスウィングしてパナマへ』などで使われた品物だと言うが、もちろんこれは『南へ飛んでリオへ』、つまり『空中レヴュー時代』への言及である）。ところが、そういう由緒ある品だというのに、誰からも声がかからない。

場面が変って、大陸を横断してニューヨークへ向う列車の客室になる。二人の男がトーニー・ハンターが落ち目になったという話をしている。その場に本物のトーニーがいて、あの人物は完全に過去の存在になったと述べる。トーニーはアステア自身の戯画化なのである。

グランド・セントラル駅に着いたトーニーは、荷物をポーターに預けて、ホテルへ届けるように依頼し、それから「ひとりぼっちで」という歌を歌いながら、改札口の方へ歩いて行く。自分の孤独さを見つめた歌である（いちいち断らないが、これもディーツとシュウォーツの作品の歌である）。こんな風に自分自身の行動を歌にしてもおかしくないのは、これがミュージカルであるからで、台詞劇なら、こういう手法を用いることは考えられない。

トーニーはマートン夫妻に迎えられる。夫妻は、トーニーのために新作を書いた、演出はジェフリー・コードヴァという天才に頼む予定だと告げる（もちろん、トーニーはジェフリーの名を聞いたことがない)。ひとりになったトーニーは、四十二丁目界隈が様変りして、すっかり安っぽい盛り場になってしまったことに驚く。レヴュー『バンド・ワゴン』はこのあたりの劇場で上演されたのだった。そのことをほのめかす台詞も現れる。トーニーはペニー・アーケイド(現代日本のゲームセンターのような場所)に入り、さまざまのゲーム機を試してみる。やがて、客がいなくて沈んでいる靴磨きに気づき、彼を励まし、靴を磨いてもらいながら、「靴に輝きを」を歌う。「落ちこんでいる時にいちばん効果があるのは、靴を輝かせることだ」といった内容だ。

映画『バンド・ワゴン』のナンバーの振付の一部はマイケル・キッドが担当した。彼はブロードウェイで『野郎どもと女たち』(一九五〇年)や『カンカン』(一九五三年)といったミュージカルの振付をした人物だが、躍動感と現実感のあるダンスで評判になった。「靴に輝きを」も彼が振付けたのではないかと思われるが、アステアは、優雅で曲線的な動きを中心とするこれまでのダンスではなく、身体を直線的に動かすダンスを披露している(この傾向は、映画の終りに現れる「ガール・ハント」のダンスで遺憾なく発揮される)。

トーニーはマートン夫妻に連れられてジェフリー・コードヴァが出演している劇場へ行く。演目はソポクレスの『オイディプス王』だ。ジェフリーは制作、ギリシア語の原典からの翻案、演出、主演のすべてをこなした。この人物には芸術性への強い志向があるようだ。いささか辟易したトーニーは、「あなたは古典劇がお好きなようだが、ミュージカルを本当にやりたいのですか」と問いかける。ジェフリーは答える——

『バンド・ワゴン』（1953）「靴に輝きを」ルロイ・ダニエルズ、フレッド・アステア

ミュージカル！　ミュージカル！　ミュージカルとドラマを勝手に区別するひとがいるのにはうんざりします。私の考えでは、ビル・シェイクスピアの不滅の韻文の魔法のリズムと、ビル・ロビンソンの不滅の足の魔法のリズムとの間には、何の違いもありません。

ビル・ロビンソンは有名な黒人のタップダンサーで、アステアが『有頂天時代』で披露した「ハーレムのボージャングルズ」は彼に捧げられた讃辞だった。

マートン夫妻はジェフリーに向って新作の内容を説明する。トーニーが演じる主人公は児童書の著者だが、金が要るので、残酷で血なまぐさいミステリーも書いている、彼はいわば悪魔に魂を売り渡したというのである。それを聞いたジェフリーは大喜びする。これはまさに現代のファウストの物語だ、こうなれば自分も出演し、トーニーのファウストに対して悪魔を演じようと、彼は言う。トーニーもマートン夫妻も閉口するが、ジェフリーは、芸術に上下はないとなおも主張し、「ザッツ・エンタテインメント」を歌う。「この世で起ることはすべてショーでも起る、ショーではあらゆることが許容される」というわけである。トーニーとマートン夫妻が和する。この歌は新作で、ディーツとシュウォーツは四十五分ほどでこれを書き上げたのだった。

ジェフリーがギャビーというバレエ・ダンサーを推薦したので、トーニーは彼女が出演している舞台を観に行く。二人は対面するが、トーニーは彼女が背が高すぎないかどうかを確認せずにはいられない（ギャビーを演じたのはシド・シャリースだったが、実は彼女とアステアは既に『ジーグフェルド・フォリーズ』で共演したことがあった）。

二人はかなり年齢差があるし（撮影当時、アステアは五十四歳、シャリースは三十一歳だった）、一方はミュージカル、もう一方はバレエという風に出自も違う。最初、二人は反撥しあうが、やがてやや打ち解け、馬車でセントラル・パークへ出かけて、一緒に踊る。ここは「暗闇に踊る」というナンバーで、レヴュー版の音楽がそのまま使用されている。振付はおそらくアステアが担当したのだろうと思われるが、二人の気持の変化が実によく分るようになっている（バレエと社交ダンスの振付の両方がうまく取り入れられている。アステアは『踊らん哉』でバレエ・ダンサーを演じたことがあり、バレエについてもよく知っていた）。ここは物語の進展にとっては決定的な場面である。なぜなら二人の内には、一緒に仕事をしようとしている人間同士としての共感だけではなくて、恋愛感情も生れるからだ。

さて、ファウスト伝説に基づくミュージカルはニュー・ヘイヴンで初日を開けるが、大失敗だった。それでもトーニーは初日のパーティに出向くが、他には誰も来ていなかった。ホテルの自室へ帰ろうとした彼は、別の部屋でコーラスの俳優たち（つまり、パーティに招かれてはいない無名俳優たち）が、自分たちのための別のパーティを催していることに気づき、参加する。レスター、リリー、ギャビーも相次いで加わる。一同は「アイ・ラヴ・ルイーザ」を歌う。レヴュー版では、バヴァリア風の衣装を着けた出演者たちが、ドイツ語訛りの英語を交えて歌う歌になっていた。

トーニーが出直しを提案する。その部屋にはジェフリーも来ていた。彼は主導権をトーニーに譲る（バックステージものの映画では、よく起る事件である）。この後、映画はアメリカ東部の都市を回りながら行われるトライアウトを辿る。一同はまずフィラデルフィアへ行く。ギャビーを中心にしてダンサーたちが踊る「空に新しい太陽」というナンバーが披露される。ところで、ギャビーにはポール・バードという振付家のボーイフレンドがいた。彼は作品が自分の望んでいたものとは異なる方向へ進んでいるので、おりることにする（結局、彼とギャビーとは別れることになるので、ギャビーとトーニーとの恋愛にとっての障害は消える）。

次の都市はボストンだ。ここではトーニーとジェフリーが「プランを変えなきゃならないようだ」を歌い、踊る。「好きな女には別の男がいるのに、僕は気がつかなかった。一から出直しだ」といった歌である。二人とも、シルクハット、白いネクタイ、燕尾服、それにステッキといういでたちで——つまり、アステアたちの本来の服装で——踊る、ソフトシューのナンバーである（タップダンス用の靴にはチップと呼ばれる金具がついているが、それがついていない靴で踊るタップダンスをソフトシューと呼ぶ）。古風だが、それだけに妙に心が落ち着く場面である。

次のワシントンでは、リリーが中心になって「ルイジアナの乾草車《ほしくさぐるま》」を歌い踊る。乾草を積んだ車に乗って出発しようとしている農夫たちの歌である。そして次のボルティモアでは、トーニー、リリー、ジェフリーが「三つ子」を歌い踊る。ヒュー・フォーディン（一九三五〜二〇一九）という人物が、アーサー・フリードがプロデューサーを務めたすべてのミュージカル映画について、製作の事情や技術的な側面を詳しく述べた『エンタテインメントの世界』（一九七五年、未訳）という本があるが、この本を読むと、「三つ子」というナンバーがどのようにして作られたかがよく分る。すなわち、三人の出演者はまずサドルレザー製のブーツを膝から上に履かされた。そ

『バンド・ワゴン』「プランを変えなきゃならないようだ」ジャック・ブキャナン、フレッド・アステア

してブーツの下部に赤ん坊用の靴を取りつけ、膝でそれを履くようにした。ブーツは膝に縛りつけて固定された。膝から下の脚には黒いビロードのストッキングを履かせた。この場面は黒い床の上で演じられたから、黒いストッキングの部分は見えず、出演者は膝から上だけのごく短い脚で立っているように見えた。三人の出演者は最初は椅子に掛けていたが、やがて床の上に下り、跳ね回った。出演者には重い負担がかかるナンバーだったので、一度に二十分しか撮影できなかったそうである。

やがて、ニューヨークの初日がやって来る。呼びものは「ガール・ハント」と題する十二分ほどのナンバーである。これはミッキー・スピレイン（一九一八～二〇〇六）のハードボイルド小説のパロディで、アステアはロッド・ライリーという探偵を演じる。

この探偵は語り手になっており、全篇を通じて、この男の凄みがあって柄の悪い語りがアステアの声で流れる。この語りを執筆したのは、ある仕事でハリウッドに来ていたアラン・ジェイ・ラーナーだった（シナリオを書いたコムデンとグリーンは既にニューヨークへ帰っていた）。ラーナーはこの仕事を無償でやったのであり、ミネリは自分自身が書いたことにすると約束した。事実、ミネリは自伝『私はよく覚えている』の中で、語りは自分が書いたと述べている。また、映画のクレジットにもラーナーの名は現れない。しかし、現在出版されているシナリオには、ラーナーが語りを書いた旨明記してある。

「ガール・ハント」の場所はニューヨークだ。ある晩、ロッド・ライリーは殺人の現場を目撃する。犯人探しに取りかかったこの探偵は、洒落た服飾店、深夜の地下鉄の駅、怪しげなバーなどをめぐり、その間、何度も何度も殺されそうになる。また、彼は謎めいたブロンドの女とブルネットの女に出くわす（どちらの女もシド・シャリースが演じた）。結局、彼は大物とめぼしをつけた男と対決し、彼を射殺するのだが、男と見えたのは実は変装したブロンド女だった。事件を片づけた彼の前に、またもやブルネットの女が現れる。この女には油断できないと、彼は感じるが、相手をせずにはいられない。

アステアの語りはあまり意味をなさないと、ミネリは述べている。確かに謎解きに関する限り、物語は曖昧だ。二人の女は同じ女がかつらを使って変装していると考えるのが自然かも知れないが、その女が何度も生き返って現れるのは説明がつかない。パロディなのだから、これでいいのかも知れない。

もちろん、このナンバーの面白さは物語にあるのではない。最大の見ものはアステアとシャリースの踊りである。アステアは正装などとは縁遠い服装で、荒々しい踊りを披露する。そして物語が展開するのは、ギャングや殺し屋や賭博師の世界だった。彼にとってはすべてが新鮮な体験であったに違いない。

トーニーたちが出演する公演は大ヒットとなった。しかし誰も楽屋へ来ないので、トーニーはひとりで町へ出ようとするが、その時、内緒でパーティが準備されていたことを知る。ギャビーが関係者を代表してトーニーに謝辞を述べ、彼に対する愛情を告白する。主な出演者たちが「ザッツ・エンタテインメント」を歌う。映画は終る。

『バンド・ワゴン』は、全体としては、ジェフリー・コードヴァが体現しているようないわゆる高級な芸術を崇拝する態度をからかっている。しかし、「ザッツ・エンタテインメント」の歌詞には、『オイディプス王』はもちろん『ハムレット』や『マクベス』への言及も含まれている。フレッド・アステアはこういう劇が代表する世界とも、ギャングの世界とも、縁がなかった。だから、この映画は彼にとっては再出発を意味する作品であったと考えることもできるだろう。

つまるところ、ミュージカル映画の成熟についていちばん功績があったのは、フレッド・アステアとジーン・ケリーという二人の男優である。ジンジャー・ロジャーズ、ジュディ・ガーランド、ルービー・キーラー、エリナー・パウエル、アン・ミラー、シド・シャリースなどといった女優は、いずれも魅力があるが、かりにこの中の誰かがいなくても、ミュージカル映画は大人の鑑賞に堪えるものとなっていたであろう。しかし、アステアとケリーが——とりわけアステアがいなかったら、ミュージカル映画はあれほど洗練されたジャンルになっていたであろうか。

『バンド・ワゴン』フレッド・アステア、シド・シャリース

第七章　ミュージカル映画の未来

1

フレッド・アステアとジーン・ケリーは生涯に二度共演した。一本目の映画は『ジーグフェルド・フォリーズ』（ヴィンセント・ミネリ監督、一九四五年）だった。冒頭で、天国にいるジーグフェルド（ウィリアム・パウエル〔一八九二～一九八四〕）が自分の人生を振り返り、もう一度豪華なレヴューを上演したいと思う。こういうあまり気が利いているとも思えない場面に導かれて、当時のスターたちが歌や踊りやスケッチを披露する。

アステアとケリーのナンバーは「バビットとブロマイド」と題されている。「バビット」も「ブロマイド」も、「凡庸な俗物」というほどの意味である。なお、前者はシンクレア・ルイス（一八八五～一九五一）の小説『バビット』（一九二二年）に由来する。

「バビットとブロマイド」は一九二七年のミュージカル『ファニー・フェイス』のためにアイ

ラ・ガーシュウィンが詞、ジョージ・ガーシュウィンが曲を書いた歌で、二人の紳士が時をおいて出会い、「こんにちは。どうだい？　いい天気だね。奥さんお元気？」といったほとんど無内容な会話を重ねる様子を辿る。初演ではフレッド・アステアが姉のアデルと一緒に歌った。『ジーグフェルド・フォリーズ』では、歌の前に短い会話が加えられている。アステアとケリーが公園のベンチで新聞を読んでいる。アステアがちょっとタップを踏むと隣のケリーが応じる。二人は顔を見合わせ、ケリーがはっとする芝居をして、「フレッド・アステアじゃないか」と言う。するとアステアは「君は誰だったかな？　何をしてるんだ？」と応じる。以下、「ダンスをするんだ」「ピクニックの折などに？」「いやいや、映画で踊るんだ。『カバーガール』を見たことはないのかい？」「ええと、君はリタ・ヘイワースではないよね」といった応酬が続く。もちろんアステアはとぼけていたのであり、意気投合した二人は「この二週間稽古して来た踊りをアドリブでやる」ことにする。

だが二人の息が合うようで合わない。もちろんふざけているのだが、険悪な雰囲気になったり、身体がぶつかったりする。二人はその十年後に再会するが、相変らず愛想よく空疎なやりとりを交わすだけだ。そして更にその二十年後に三度目に出会う。場所は天国の入口である。二人はかなり老け、どういうわけかハープをもっている（二人の背後には馬上の騎士の彫像があるが、時とともにこの彫像も老ける）。だが、お座なりな挨拶を交わすことは少しも変らない。踊りのずれは、二人の紳士の間には意思の疎通が欠けていること、友好的に見えるが実は慇懃無礼にすぎないことを、目に見えるかたちで示しているのである。最後に二人は仲良く踊り、握手する。死

『ジーグフェルド・フォリーズ』(1945)「バビットとブロマイド」ジーン・ケリー、フレッド・アステア

後になってやっとほんものの相互理解が生れたと考えるべきだろうか。

だが、二人の俗物の対立に、アステアとケリーとの間のスタイルの違いを――敢えて言うなら、競争意識を――読み取ろうとする人もいる。確かに二人はことあるごとに比較された。そして二人ともそのことに辟易していた。ケリーは、「私はダンスにおけるマーロン・ブランド、アステアはダンスにおけるケーリー・グラントなのだ」と述べたことがある。ヴィンセント・ミネリはこのナンバーの振付を二人の出演者に任せたが、二人は互いに遠慮し合って大変だったという。ただ結果的には、このナンバーは二人のスタイルの違いをある程度明瞭に伝えていると感じられる。すなわち、外界との関係の捉え方が対照的なのである。アステアは外界を受け入れ、それに溶け込もうとする。典型的な例は『恋愛準決勝戦』の「サンデイ・ジャンプス」であろう。彼は洋服掛けという生命をもたないものをダンスのパートナーに見立て、敬意をこめてそれを扱う。これに対してケリーは外界に対して攻撃的になる。その好例は「雨に唄えば」である。彼は金属のフェンスやショーウィンドーのマネキンはおろか、通行人や警官といった人間さえも、自己確認の手段として利用しようとする。「バビットとブロマイド」のアステアがケリーに対して、また、ケリーがアステアに対して取る態度を、仔細に吟味すると、そのことがよく分る。

『オズの魔法使』でブリキの木こりを演じたジャック・ヘイリーには、同名の息子ジャック・ヘイリー・ジュニア（一九三三～二〇〇一）がいた。彼は主としてプロデューサーとして活躍したが、代表作のひとつはＭＧＭのミュージカル映画の名場面を集大成した『ザッツ・エンタテインメント』（一九七四年、ヘイリーは監督も兼ねた）である。これは、アステアやケリーを含む十一人のスターの語りによって名場面の数々をつないでいくという構成になっている。私は公開直後にこの映画を見て、強い印象を受けた。『雨に唄えば』や『バンド・ワゴン』のように、私がミュージカルについて何も知らなかった頃に見た懐かしい作品も含まれていたが、大多数は初めて見る作品だった。その中には、日本では公開されていなかった作品もあった。なぜ公開されていなかったかというと、他でもない、これらの映画が公開された時には、日本はアメリカと戦争をしていたからである。戦争をするということは、国交を断絶するということであり、そうなると相手国の映画を輸入することもできなくなる。もしもあの戦争がなかったら、一九四〇年代半ばに至る数年間の、日本におけるアメリカ文化の受容のあり方は全く別のものになっていたに違いない。

『ザッツ・エンタテインメント』は大ヒットとなった。そこで続篇（一九七六年）が作られた。パート1でジャック・ヘイリー・ジュニアに協力したダン・メルニック（一九三二〜二〇〇九）が、ソール・チャップリン（一九一二〜九七）と共同で製作を担当した。二人は今回はジーン・ケリーとフレッド・アステアだけが進行役を務めるようにした。アステアとケリーが踊る予定はなかったが、稽古が始まってからしばらく経ったある日のこと、アステアがケリーに向って、「このあたりで少し踊ってもいいんじゃないかな」と言った。ケリーもチャップリンも驚いたが、この提案は採用された。この映画の題名は、言うまでもなく、『バンド・ワゴン』のために書かれ、一種のショー・ビジネス讃歌として定着した「ザッツ・エンタテインメント」に由来している。アステアとケリーはこの歌に新たに加えられた詞を歌ったり、踊ったりしながら（これらの場面の演出はケリーが担当した)、映画を進めて行く。

私はこの映画を見てひどく悲しくなった。アステアもケリーもすっかり老いていたからである。ことに、二人の歌や踊りに続いて、かつての元気な二人のどちらかが出演している場面が現れると、製作者は何という残酷なことをするのだろうと感じた。

悲しい理由はもうひとつあった。パート1には駄作と呼ぶべき場面はほとんどひとつもなかったが、パート2を見た私は、ミュージカル映画にもつまらないものがあるという当然のことを悟った。パート1の関係者たちは、これほどの大ヒットになることは必ずしも予想していなかったであろうから、最良の場面を惜しみなく選んでいる。パート2の場面についてはそうは言えないし、時間を稼ぐために、ミュージカル映画ではない作品の場面も採り入れられている。しかし、とにかくアステアとケリーが歌い踊るのをもう一度見られたのだから、私は満足した。

『ザッツ・エンタテインメント』はパート3(一九九四年)まで制作されたが、これには映画の編集段階で削除された場面が大量に含まれている(なお、アステアは一九八七年に他界した)。いずれにせよ、『ザッツ・エンタテインメント』三部作に収録されているのは、すべて一九六〇年以前の作品の場面である。この時期以後もミュージカル映画は作られたが、それはもはや別のジャンルの作品になってしまったように私は感じた。あまりにも大味な作品が多くて、かつての洗練は影を潜めてしまったからである。

ただ、『ザッツ・エンタテインメント』(厳密にいうなら最初の二本)に触発されて作られた『ザッツ・ダンシング!』(一九八五年)という映画がある。これはジーン・ケリーが製作総指揮を務め、作品の一部の語りも担当している。しかも『ウエスト・サイド物語』のような一九六〇年代の作品はもとより、『サタデー・ナイト・フィーバー』（ジョン・バダム監督［一九三九〜］、一九七七年）や『フェーム』（アラン・パーカー監督［一九四四〜二〇二〇］、一九八〇年）といったごく新しい作品をも収録して、将来への希望をつなごうとしている。では、この希望は叶えられたか。叶えられはしなかったと私は思う。ミュージカル映画は滅びてしまった――私は長い間そう考えていた。

2

イーサン・モーデン（一九四七〜）というアメリカのミュージカル研究者がいる。舞台と映画のミュージカルに精通し、前者についての詳細な通史を初めとする多数の著書を発表しており、私が信頼している著者なのだが、そのモーデンが、二〇一六年に『ブロードウェイがハリウッドへ行った時』（未訳）という新著を刊行した。ブロードウェイがハリウッドに与えた影響を丹念に分析した書物だが、この本の冒頭で、著者はミュージカル映画の歴史を簡潔に要約している。

モーデンによれば、一九三〇年代と四〇年代は、ミュージカル映画の黄金時代だった。この見解に異存のある人はいないだろうが、彼の見解に賛同すると、五〇年代以後の作品はそれ以前の作品よりも劣っていることを認めるほかなくなる。世の中には、最良のものは最新のものだと強弁したがる人がいるものだが、そういう人はさぞ困るだろうという気がする。

モーデンによれば、一九五〇年代はブロードウェイ・ミュージカルの映画版が人気を得た時代で、制作システムの変化に伴って予算が増大し、低予算のミュージカル映画は死滅してしまった。五〇年代には『雨に唄えば』や『バンド・ワゴン』も作られているのだから、必ずしも悪い時期ではなかったと私は思うのだが、この二本はいわば例外で、主流を占めていたのは、『オクラホマ！』（一九五五年）、『回転木馬』（一九五六年）、『南太平洋』（一九五八年）などといった、大規模で大味な作品だったのだから、やはりモーデンが言うように時代が変ってしまっていたことは否定できない。

一九六〇年から七五年に至る時期については、モーデンはもっと手厳しい。法外な予算、歌えないスター、娯楽性の喪失などといった現象によって、伝統的なミュージカルはほとんど滅びてしまったと、彼は断言する。この時期の大ヒット作と言えば、『ウエスト・サイド物語』（一九六一年）や『サウンド・オブ・ミュージック』（一九六五年）であり、どちらにも熱心なファン（と言うより信者）がいることを私は知っている。しかし、私はこういう作品を崇める気にはなれない。前者のナタリー・ウッド（一九三八〜八一）は歌えないから、吹き替えに頼らざるをえない。これでは演技に血が通わなくなる（同様の例はいくらでも挙げることができる）。後者のジュリー・アンドルーズ（一九三五〜）は稀に見る名歌手だが、残念なことに、あの映画の巨大な風景や作品の背後にある政治的状況は個々の人物の魅力を圧殺してしまっている。初めて見たミュージカル映画がどんなものであったかによって、その人のミュージカル映画観が決ってしまうことがあるものだ。だから私は、ある時期の（あるいは、ある感性の）人々にとって、『ウエスト・サイド物語』なり『サウンド・オブ・ミュージック』なりがそういう働きをしたことがあったとしても、少しも驚かないし、もちろんそれを非難する気はない。ただ、私が初めて見たミュージカル映画は『雨に唄えば』だった。これはよしあしの問題ではない。

一九七六年から現在までの時期については、モーデンの記述をそのまま引用する——

ミュージカルの制作をほとんどやめてしまってから、ハリウッドは考え直してみることにする。心理的にも芸術的にも晦渋《かいじゅう》なスティーヴン・ソンドハイムのアトリエが生んだ『イントゥ・ザ・ウッズ』が映画化され、大成功となる。『シカゴ』がアカデミー賞の最優秀作品賞を得る。これらは特別な事件であり、アステアとロジャーズや（ジャネット・）マクドナルドと（ネルソン・）エディの頃のように平常通り営業中となったわけではない。それでも、ミュージカルは復活した。

僅か二つの例に基づいて、ミュージカル映画が復活したと断定するのは、随分大胆だという気がしないでもないが、ミュージカルを知り尽くしているモーデンの発言だから、確かな根拠があるに違いない。そう言えば、偶然ではないと思うのだが、『シカゴ』（二〇〇二年）も『イントゥ・ザ・ウッズ』（二〇一四年）もひねりの利いたブロードウェイ・ミュージカルを原作とする映画で、しかも、どちらもロブ・マーシャル（一九六〇～）の監督作品である。但し二本の作風はかなり異なる。この点を吟味すると、ミュージカル映画がこれからどんな方向へ向おうとしているのかという問題を解く鍵が得られるかも知れない。

まず舞台版の『シカゴ』（一九七五年初演）だが、ジョン・キャンダー（一九二七〜）が作曲、フレッド・エブ（一九二八〜二〇〇四）が作詞を担当した。キャンダーとエブのミュージカルで最もよく知られているのは『キャバレー』（一九六六年初演）だが、これはボブ・フォッシー監督によって映画化された（一九七二年）。そして『シカゴ』の台本を書いたのはエブとフォッシーである。なお、このミュージカルは、モーリーン・ダラス・ワトキンズ（一八九六〜一九六九）の『シカゴ』という戯曲（一九二六年初演）を原作としている。

ミュージカルの舞台は一九二〇年代のシカゴである。ロクシー・ハートという人妻が、自分を捨てようとした愛人を射殺する。逮捕された彼女はモートンという女性看守に勧められて、ビリー・フリンという弁護士に弁護を依頼する（もちろんモートンは高額の謝礼を要求する）。ビリーはロクシーのこれまでの人生についての出鱈目な話を新聞記者たちに流す。その話が記事になり、ロクシーは悲劇の主人公として大衆にとっての人気者となる。一方、監獄にはヴェルマ・ケリーというヴォードヴィル芸人だった女もいる。彼女は、夫と妹との情事の現場を目撃し、二人を殺したという前歴があり、殺人を好む大衆の間ではやはり人気者だったが、ロクシーの出現で人気が薄れたので、腹を立てている。

ビリーは、ロクシーが愛人を殺したのは正当防衛だったと法廷で主張して陪審員を納得させ、ロクシーは無罪となる。ところが、その頃には新たな殺人犯の女性が人気者になっていた。落ち目になったロクシーはヴェルマと組んでヴォードヴィルに出演するようになる。

このミュージカルには、まともな人間はほとんどひとりも登場しない。ロクシーやヴェルマを含む殺人犯たちには全く弁護の余地がない。ビリーは典型的な悪徳弁護士で、平気で嘘をつく。モートンがいい例だが、役人たちは腐敗している。出鱈目な情報を流す新聞記者たちも、それにだまされて悪人に同情する一般大衆も愚かというほかない。

作者たちは主な事件をヴォードヴィルの場面に仕立てている（『シカゴ』には「ミュージカル・ヴォードヴィル」という副題がついている）。つまり、現実の事件が様式化され、歌や踊りとして提示されるのだから、結果的に、それは現実から離れてしまうのである。

初演の台本をエブと共同で執筆し、演出と振付を担当したボブ・フォシーは、この作品も映画化したいと考えたが、計画が実現する前に他界してしまった。結局、映画版の監督を務めたのはフォシーと同様にダンサーから振付家になったロブ・マーシャルだった。

マーシャルの映画は舞台版の物語を忠実に踏襲し、キャンダーとエブの歌もほぼそのまま生かしているが、重要な設定がひとつ、あらたに導入されている。すなわち、ヴォードヴィルのナンバーはロクシー（レネー・ゼルウィガー［一九六九〜］）の想像力の産物だということになったのである。たとえば、冒頭でヴェルマ・ケリー（キャサリン・ゼタ゠ジョーンズ［一九六九〜］）が男性ダンサーたちを従えて、あるクラブで「オール・ザット・ジャズ」というナンバーを歌い踊っている。そこへ、芸人としてのヴェルマのファンであるロクシーがやって来る。やがて、ヴェルマではなくてロクシーが舞台で踊っている短いショットが挿入される。つまり、このショットは現実ではなくて、自分も芸人になりたいと考えているロクシーの願望を表示しているのである。

あるいは、収監されたロクシーの前で女囚たちが、自分がいかにして殺人を犯したかを語るナンバーがある。囚人の陰気な制服を着ていた女たちは、突然、肌を露出した服装になり、卑猥な動きを強調した踊りを披露する。リアリズムの立場からするなら、監獄で女囚たちがこんなダンスに耽るなどということはありえないが、ロクシーが耽っている幻想の内容が目に見えるかたちをとっているのだと理解すれば納得が行く。

もうひとつだけ例を挙げると、ビリー・フリン（リチャード・ギア［一九四九〜］）が法廷で陳述をする場面がある。その間、別の服装のもうひとりのビリーがタップダンスを踊り続ける。ロクシーにとっては、ビリーの陳述はタップダンスの響きのような無意味な騒音でしかないことを、マーシャルは伝えようとしたのであろう。

ただ、ヴォードヴィルのナンバーをロクシーの想像という別世界に囲い込んでしまうと、それによって物語を進めたり、ロクシーと他の人物との対話のためにそれを用いたりすることが困難になる。分りやすい例を挙げると、ビリーがロクシーを伴って記者会見を行う場面がある。ビリーはロクシーに向って、彼女のこれまでの人生について、また、殺人が起ってしまった経緯について、事実とは全く異なる情報を吹き込み、それを信じさせようと努めて来た。どうやらロクシーが出鱈目な情報を頭に入れたようなので、ビリーは記者会見を開くことにしたのである。この記者会見は、腹話術師が芸を披露する場面として演じられる。具体的に言うと、ビリーが腹話術師を、ロクシーが腹話術師の人形を演じる（そして大勢の俳優が、両腕を紐につながれた操り人形を演じる)。記者が質問をすると、ビリーが返事をするが、ビリーはまるで人形であるロクシーが返事をしているように見せるというわけである。ビリーは記者たちに偽りの情報を吹き込み続け、自分が望む方向へ彼等を誘導する。このナンバーでは、ビリーと記者たちの対話や、ビリーの発言に対する記者たちの反応が重要かつ不可欠なものになっているから、ナンバー全体をロクシーの想像力の産物と見なすことは到底できない。つまり、このナンバーに関する限り、マーシャルが設定した大前提は破綻しているのである。

この大前提のせいで、マーシャルは、舞台版には現れなかった退屈で陰惨な現実を大幅に取り入れることができるようになった。下らぬ新聞記事にだまされる大衆の愚かな顔や、華やかな衣装ではなくて陰気な囚人服をまとっている囚人たちといった映像のせいで、映画版は舞台版には欠けていたリアリティを豊富に含むものとなったのである。

だが、ミュージカル映画としての『シカゴ』には、私は次元の異なる不満を抱いている。観客に歌や踊りを安心して享受させるための配慮が不十分なのである。冒頭の「オール・ザット・ジャズ」が顕著な例だが、個々のショットが短すぎて、落ち着いて踊りを見ることも、歌詞をじっくり味わうこともできないのだ。敢えて言うなら、カメラが芝居をしすぎるのである（話がそれるが、フレッド・アステアなら、こういう手法は決して許容しなかったであろう。アステアは、ミュージカル・ナンバーの場合、原則として自分の全身を捉えることを要求した)。幸いなことに、同じロブ・マーシャルが監督を務めた『イントゥ・ザ・ウッズ』では、カメラの専横という難点は全くと言っていいほど取り除かれていた。

ブロードウェイの初演と、ロンドンでのリヴァイヴァル公演と、『シカゴ』の舞台版を私は二度観ている。だが、『イントゥ・ザ・ウッズ』の舞台版は観たことがない。ただ、初演の記録が日本のテレビでも放映され、その録画が手元にあるので、舞台版を論じる時にはそれを参照しようと思う。

このミュージカルの作者はスティーヴン・ソンドハイム（一九三〇～二〇二一）だ。彼は『ウエスト・サイド物語』（舞台版）の作詞家としてブロードウェイに登場し、やがて作曲をも手がけるようになった。知的で辛辣で意外性に富む言葉遣いが充満している詞と、古風なポピュラー音楽しか知らない人にとっては必ずしも親しみやすくない曲とを書く人で、近年はともかく、かつてはあまり一般受けしない作者だった。

『イントゥ・ザ・ウッズ（森の中へ）』（一九八七年初演）の詞と曲はソンドハイム、台本はジェイムズ・ラパイン（一九四九～）が書いた。但し、出来上がったテクストの大半は詞が占め、通常の対話はそれほど多くない。二人は緊密に協力しながら作業を進めたようだから、要するにこのテクストの全体が二人の作品なのだと理解すべきであろう（なお、初演はラパインが演出した）。

内容はグリム童話などを再解釈し、残酷さや暗さを表面化させたものである。要するに、「めでたしめでたし」「そしてみんなはいつまでも幸せに暮しました」といった結末が気に入らなかったのだと、ソンドハイムは語っている。自分は『オズの魔法使』のような探求の物語を書きたかったのだとも、彼は述べている。このミュージカルの中心人物は揃って森へ入って行くが、森ある。

とは無意識や子宮や過去などの象徴であり、ひとが試練に直面し、その結果、知恵をつけて出て来るか、あるいは滅びてしまうかする、そういう場所なのだというのが、ソンドハイムの考えである。

ミュージカルが始まると、舞台には三軒の家がある。そのうちの一軒では、シンデレラが暮している。彼女は継母や継母の二人の連れ子にいじめられている。もう一軒の家では、ジャック（イギリスの童話『ジャックと豆の木』のジャックだ）が母親と一緒に暮している。彼が可愛がっている牝牛が近頃、乳を出さなくなった。親子は貧しい暮しを強いられている。三軒目の家ではパン屋夫婦が暮している。夫婦は子供がほしいのに、子供ができない。つまり、三軒の家の住人は、いずれも悩みを抱えており、この悩みから解放されたいと願っているのである。

パン屋夫婦の家を魔女が訪れ、かつてパン屋の両親が魔女の畑の野菜を盗んだこと、仕返しに、その女（つまりパン屋の母親）が次に産む子を魔女が自分の子として育てると決めたこと（この子はラプンツェルという名で、パン屋の妹に当る）、自分が呪いをかけたので、パン屋夫婦の家系には子供ができなくなったことなどを告げる。但し、白い牛、赤いケープ、黄色い髪、金の靴という四つのものを揃えることができたら、この呪いは解けると魔女は言う。

シンデレラ、ジャック、パン屋はいずれも森へ向う。彼等に加えて、祖母を訪ねようとしている赤頭巾も森へ向うが、途中で狼に食べられてしまう。だが、通りかかったパン屋が狼の腹を裂き、赤頭巾と祖母とを助け出す。

ジャックは、数粒の豆との交換で、高く売るつもりだった牛を渡してしまい、母親に叱られるが、手に入れたのは実は魔法の豆で巨木に育つ。ジャックはこの木を登って巨人の国へ行き、色々な宝物を手に入れる。巨人は怒るが、ジャックが豆の木を切り倒したので、巨人は木から落ちて死ぬ。

パン屋は四つのものを揃えて魔女に差し出す。その結果、醜い魔女は呪いを解かれ、若くて美しい姿に戻る。そしてパン屋には子供ができる。魔女によって塔に幽閉されていたラプンツェルは、自分のもとに留まってほしいと言う魔女の懇願を斥け、かねて自分のもとへ通っていた王子とともに去って行く。シンデレラはもう一人の王子と結婚する。ここまでが第一幕だ。人々は揃って願いが叶ったのであり、古い童話ならここで終るところだ。だが、そうは行かない。ソンドハイムが本領を発揮するのは、次の第二幕である。

人々は幸福になった筈であるのに、何かと不満を言うようになる。しかも、夫を殺されて怒った巨人の妻が村や城を破壊しようとする。また、シンデレラが結婚した王子は実は女好きで、パン屋の妻を相手としてシンデレラを裏切る（パン屋の妻とジャックの母親は、それぞれ事情あって落命する）。シンデレラ、ジャック、パン屋、そして赤頭巾は、協力して巨人の女を倒す（シンデレラは小鳥の言葉を解するが、彼女の意を受けた小鳥たちが巨人の女を襲うのである）。これがミュージカルのおよその物語だ。確かに結末は前向きだが、苦いものが豊富に含まれている。

映画版は舞台版の物語を忠実に追っているが、同じロブ・マーシャルの前作『シカゴ』よりも落ち着いて見られるのではないかと私は思う。まず、出演者がいい。とりわけ魔女役のメリル・ストリープ（一九四九〜）が芝居も歌も達者である（ついでながら、舞台版の初演で魔女を演じたのは、ブロードウェイ・ミュージカルの大ヴェテランのバーナデット・ピーターズで、彼女も魅力的だった）。それから、狼という比較的小さな役でジョニー・デップ（一九六三〜）が登場するといった贅沢な配役が見られるのも楽しい。舞台版では語り手が登場し、やや目障りだったが、映画版では語り手の声が聞こえるだけである。

舞台版では、人物たちは苦労を重ねて賢くなったことが強調されており、いくらか押しつけがましい教訓臭が認められた。映画版でも、「世の中にひとりぼっちの人はいない」という歌が歌われるのは同じだが、押しつけがましさはさほど感じられない。パン屋、シンデレラ（彼女は不実な王子と別れ、妻を失ったパン屋のために家事を担当することになる）、ジャック、赤頭巾の四人がパン屋の赤ん坊を囲んで今後の協力を誓い合うところで、映画は終る（赤ん坊は未来の象徴であろう）。

だが、何よりもいいのはロブ・マーシャルの仕事ではないかという気がする。『シカゴ』の場合と違って、彼は奇を衒《てら》ったカメラの使い方はしない。ショットの切り替えが歌のフレーズの切り替えと一致しているので、映画全体の流れが実に快く感じられる。別の言い方をするなら、彼はこの作品では歌の詞と曲の両方を細心の注意をこめて尊重している。これは要するにミュージカル映画における文学性を尊重することなのである。

二〇一六年に『ラ・ラ・ランド』（デイミアン・チャゼル監督［一九八五〜］）というミュージカル映画が公開された。ロスアンジェルスが舞台で、無名のジャズ・ピアニストのセバスティアン（ライアン・ゴズリング〔一九八〇～〕）と無名俳優のミア（エマ・ストーン〔一九八八～〕）が知り合い、恋に落ち、同棲するが、喧嘩別れする。やがてミアは有名な女優となり、セバスティアンは自分のクラブをもつという夢を実現させる。今では別の男と結婚して円満に暮しているミアは、ある晩、夫と一緒にそのクラブを訪れる。だが、もはや過去を取り戻すことはできない。そのことを悟ったミアは、セバスティアンと言葉を交わすことなく、その店を出る。映画の終り近くに、二人がともに送りえたかも知れない暮しを描くシークウェンスが流れるが、それがまことに痛切である。別に目を見張るような大事件が起るわけではない。平凡な人物の平凡な経験を扱っているだけなのだが、それだけに普遍性がある。別の言い方をするなら、ある時期のミュージカル映画が取りつかれていた巨大さへのこだわりから、この作品はみごとに解放されているのである。

この映画のナンバーはおおむね素直なものだが、少なくともひとつ例外がある。「すてきな夜」というナンバーである。このナンバーでは、歌と踊りとの間に分裂がある。知り合って間もないセバスティアンとミアが公園へやって来て、駐車場に車を停め、眼下に広がるロスアンジェルスの夜景を眺める。セバスティアンが歌い出す――「これは二人連れには打ってつけの眺めだが、残念なことに、二人連れは君と僕だ。君は僕のタイプじゃない」。ミアが応じる――「私があなたに夢中になることはない。私は何も感じてはいない」。二人は声を合わせて歌う――「何て無駄なんだ、すてきな夜が」。そうは聞こえないかも知れないが、この「すてきな夜」という歌（ベンジ・パセク、ジャスティン・ポール作詞、ジャスティン・ハーウィッツ作曲〔以上三人とも一九八五年生れ〕）は、やはりラヴ・ソングなのである。

『ラ・ラ・ランド』（2016）ライアン・ゴズリング、エマ・ストーン

この二人は、もはやそれほど若くはないようだから、それなりの恋愛経験があると考えるのが自然であろう。もちろん楽しいこともあったに違いないが、傷ついたこともなかった筈はない。初対面に近い相手に対して慎重になるのも無理はない。しかし、互いに相手に関心がある――と言うより、相手に魅力を感じてもいる。本当に相手に関心がないのなら、わざわざ「君は僕のタイプじゃない」などと言ったりするだろうか。

ミアはベンチに掛け、ハイヒールを脱いで、用意して来た別の靴に履きかえる。実はミアが歌ったくだりには、「ハイヒールを履いていない女なら、あなたの服装が気に入るかも知れない」という言葉が含まれていたのである。もちろん、靴を履きかえるのは、ハイヒールではタップダンスができないからだが、それにしても、外出する時にわざわざダンス靴を携行する女がいるのだろうか。靴を履きかえる場面をわざわざ見せつけることによって、作者たちは、ミュージカル映画におけるナンバーの開始の不自然さを観客に意識させようとしたに違いない。

セバスティアンがベンチの上でタップを踏む。二人は地面に降り立ち、一緒に踊る。二人が一緒に踊るのはこれが初めてである。一人がある動きを見せると、もう一人がそれに倣う。ただ、ごく稀な場合を除いて、二人が触れ合うことはない。二人はどちらも、相手を誘ったり、相手に探りを入れたりする。やっと二人の顔が接近した時、ミアの携帯電話が鳴る。現在のボーイフレンドからの電話だった。二人は踊るのをやめ、それぞれ家路につく。

このナンバーは明らかにフレッド・アステアとジンジャー・ロジャーズのナンバー――具体的に言うと、『トップ・ハット』の「今日はすてきな日じゃないか」を意識して作られている（こ

『ラ・ラ・ランド』「すてきな夜」エマ・ストーン、ライアン・ゴズリング

の歌の詞の一部は、第三章で紹介した)。ロンドンの公園で、雨に襲われたアステアとロジャーズがある建物に避難し、そこで歌い踊るというナンバーである。二人は最初はよそよそしくしているが、次第に打ち解け、一緒に踊るようになる。一人がある動きを見せると、もう一人がそれを真似る(これは「すてきな夜」の場合よりも明瞭だ)。最後に二人はそれぞれ相手を抱き上げ、床に投げる。ミアのボーイフレンドが電話をかけて来なかったら、「すてきな夜」の二人も抱き合っていたに違いない。ついでながら、踊るアステアはカメラが全身を捉えることを要求したが、「すてきな夜」でも同じことが起っている。だが何よりも決定的なのは、歌の題だ。「今日はすてきな日じゃないか」の英語の原題は「イズント・ディス・ア・ラヴリー・デイ?」、「すてきな夜」の方は「ア・ラヴリー・ナイト」だ。昼が夜に変っただけなのである。

だが、二人がおかれている状況と二人の行動との関係は、二本の映画で決定的に異なっている。『トップ・ハット』の場合には激しい雨という悪条件があった。しかし、二人が互いに抱いている好意のせいで、この悪条件は好条件となった。『ラ・ラ・ランド』の二人が目にしているのは美しい夜景という絶対的な好条件だ。だが、人物たちの存在そのものが悪条件になっている。「残念なことに、二人連れは君と僕だ」と歌う時、セバスティアンとミアは、自分たちがアステアとロジャーズが演じたロマンティックな恋人たちではないことを意識している(この詞には、セバスティアンとミアを演じる俳優が、アステアとロジャーズには及びもつかないという事実を指摘するという、別の次元の遊びが含まれていると考えることも可能であろう)。

『ラ・ラ・ランド』を仔細に吟味すると、実に多くの過去の映画への言及が見出される。この作品はまるで引用の集大成のようだ。こういう芸術作品は、ややもすると衒学的なものになりがちだが、『ラ・ラ・ランド』は一定の雰囲気を保ち続けているから、引用されている〝原典〟を知らなくても鑑賞に堪えるのである。黄金時代のミュージカル映画が共有していた文学性が、この映画には認められるのだ。ちなみにこの映画はアカデミー賞の十三部門で候補になり（歌曲賞で二つノミネートされているので十四ノミネート）、六部門で受賞を果した。ミュージカルとは本質において文学的な、そして自己投影的なジャンルであることを人々があらためて思い出した時、それは確実に復活するであろう。

解説　喜志哲雄の体験的ミュージカル映画論

若島正

本書は、著者である喜志哲雄が二〇〇六年に晶文社から出した『ミュージカルが《最高》であった頃』の姉妹篇である。この二冊によって、舞台と映画、ブロードウェイとハリウッドが揃うことで、著者のミュージカル論は完結する。その意味でも、本書は刊行が長く待ち望まれていたものである。

この二冊は、どちらも、著者の確固としたミュージカル観に貫かれている。まず、『ミュージカルが《最高》であった頃』と『ミュージカル映画が《最高》であった頃』という、タイトルに注目していただきたい。ここで《最高》という言葉が使われているのは、著者の説明によれば、ミュージカル『エニシング・ゴーズ』で歌われる、コール・ポーター作詞作曲の「君は最高」を踏まえている。「君は最高！／君はコロセウム／君は最高！／君はルーヴル美術館／……／君はシェイクスピアのソネット／……／君はフレッド・アステアの軽快な足さばき／……／僕が最低なら君は最高！」というコール・ポーターの言葉遊びを意識したもので、それは「あらゆる演劇の例に洩れず、ミュージカルは基本的には言語藝術なのである」という著者の根本的な演劇観の現れにもなっている。

本書は、ありとあらゆるミュージカル映画を網羅して、それを総花的に解説した事典のような書物では決してない。むしろ、著者のミュージカル観によって選別された作品が詳細にわたって論じられる――とりわけ、歌の詞と曲を尊重することがミュージカルの文学性の根本にあるという著者の信念によって、歌詞の一言一句までもくわしい分析の対象になる（いささか余談になるが、『マイ・フェア・レディ』で最も有名な曲「踊り明かそう」をカラオケで歌うときには、その原題「アイ・クッド・ハヴ・ダンスト・オール・ナイト」とは文法的にどういう意味になるかを講釈としてさしはさむのが、著者の癖だった）。著者の喜劇論である『喜劇の手法　笑いのしくみを探る』（集英社新書）から引用すると、「私は劇が扱っている社会だの、劇に盛りこまれている思想だのといったものについて論じたことがほとんどない。その代わり、劇の言葉遣いだの人物の描き方だの筋の組み立て方だのに無性に興味がある」というのが、著者の一貫した態度なのだ。

そうしたミュージカル観に基づいた本書の中核を成すのは、章題を見ればわかるように、フレッド・アステア、ジュディ・ガーランド、そしてジーン・ケリーの三人であり、それをさらにしぼればアステアとケリーになり、そのどちらを取るかとなるとアステアになる。アステアとケリーの比較論では、両者の空間の捉え方の根本的な違いに焦点を当てて、アステアが「限定的な空間」を好んだのに対して、ケリーは「無限定の自由な空間」で踊ることを好んだと論じる。また、両者の外界との関係の捉え方が対照的だとして、「アステアは外界を受け入れ、それに溶け込もうとする」のに比べると、「ケリーは外界に対して攻撃的になる」という指摘にはなるほどと唸らされる。そしてアステアだけに話を限れば、「正統としてのアステア」と「異端としてのアステア」というアステアの二つの顔を論じた第三章と第六章が、本書の白眉と言ってさしつかえない。なぜアステアが正統から異端へという移行を成し遂げることができたのか。それは、著者の言葉を借りれば、アステアがもともと持っていた、「ミュージカル・ナンバーそのものを対象化、意識化する傾向」にある。そのために、アステアは大衆が抱いていた、「シルクハットと白いネクタイと燕尾服」というイメージから抜け出すことができた。「彼は正装することによって他者になり切れた」という衣装に関する指摘もまた、演劇研究者としての著者らしい慧眼である。

著者のミュージカル論を支えているのは、豊富な資料の収集と、圧倒的な演劇体験、そして映画体験である。精緻な分析は、ただ単に優れた知性（それは著者がミュージカルの制作者に要求するものであるだけでなく、その観客にも要求するものである）の産物ではなく、ミュージカルを観る喜びを肉体的に知っているという強みから来ている。本書の中で最も力が入っている作品論が『雨に唄えば』を論じたものなのは、そもそも高校生のときに初めて観たミュージカル映画が『雨に唄えば』だったからだろう。著者は『ミュージカルが《最高》であった頃』でこう書いていた。「とにかく私は唖然とした。世の中にこんなに面白いものがあってもいいのだろうかと思った」。著者にとって、『雨に唄えば』は出発点であり、しかもミュージカルというものを規定する基準にもなった。『雨に唄えば』が「現実を徹底的に相対化した」作品であり、「映画というものの本質的な虚構性をあからさまに示している」という著者の議論は、そのまま「ミュージカルは――いや、ミュージカルに限らず、あらゆる劇や映画は――現実そのものではなくて現実のイメージなのだ。それは不可避的に何ほどかの嘘を含んでいる」という演劇および映画全般に通じる見方と通底している。たしかに、『雨に唄えば』のような「高度のメタ映画」を基準にすれば、ほとんどすべてのミュージカル映画は影が薄い。そこから必然的に、著者は一九六〇年以降のミュージカル映画に失望を覚えることになる。それは「もはや別のジャンル」であり、「あまりにも大味な作品が多くて、かつての洗練は影を潜めてしまった」と著者は嘆く。こうした著者のミュージカル観に、実感としてうなずく読者はさほど多くはないかもしれない。たとえばわたしも、中学生のとき（つまり一九六〇年代）に初めて観たミュージカル映画が『マイ・フェア・レディ』であり、その後『南太平洋』『ウエスト・サイド物語』『サウンド・オブ・ミュージック』を経て、ようやく大学生のときにアステアや『雨に唄えば』を発見して黄金時代のミュージカル映画に開眼したくちだからである。著者が書くとおり、結局は世代的な環境に関係した個人の映画体験がその人のミュージカル観を決めてしまうのであり、それはよしあしの問題ではない。

ジュディ・ガーランドを論じた第四章は、彼女が出たコンサートの中で最も有名な、一九六一年四月二十三日にカーネギー・ホールで行われたコンサートの記述で始まっている。著者は観客の一人としてそこにいたことがわかる。ガーランドのあの歴史的なカーネギー・ホールでのコンサートを生で聴いた日本人がいたという事実、それは驚くべきことではないか。『ミュージカルが《最高》であった頃』によれば、著者は一九六〇年の九月から翌年の六月まで、コロンビア大学の留学生としてニューヨークで暮らしていた。著者はこう述懐する。「私は、大学の講義のために必要な時間と金を除くほとんどすべての時間と金を劇場通いのために使っていた」。そして著者はその後も毎年のように、休暇になるとロンドンに出かけていって劇場通いを続けた。いや、観劇だけではない。著者は兵庫県立ピッコロ劇団の運営にも深く関わって、演劇指導をはじめ、『間違いの喜劇～現夢也双子戯劇《うつつはゆめふたごのたわむれ》～』、『東男迷都路《あずまおとこまようみやこじ》』（ヴェローナの二人の紳士）、『西海渡花香《にしのうみわたるはなのか》』（恋の骨折り損）と題したシェイクスピア喜劇の数々の翻案を行い、さらに二〇二二年には著者が岩波文庫で出した新訳『から騒ぎ』を同劇団で上演した。演劇を研究するだけでなく、演劇の現場を知り尽くしているからこそ、こうした著者の全人格が現れているようなミュージカル論が可能になったのだ。

ここまでで、すでに勘のいい方にはおわかりと思うが、著者はわたしの恩師である。ここからは、あえて喜志先生と呼ばせていただき、先生との個人的なおつきあいについて書くことにする。いわば、著者の実像を裏話として少しなりとも紹介しておきたいのだが、本書をお読みになればおわかりのとおり、喜志先生に言わせればそんな実像よりこの本という虚像のほうがすべてだとおっしゃるかもしれない。喜志先生は関西弁で言えば「ええカッコ」をするのが好きなのだが、それでも実物の喜志先生はお酒が大好きであり、しかも一緒にお酒を飲んでいるとこんなに楽しい人はいなかった（「お酒ほどいいものはないんです。お酒には、ひとつも悪いところがない」というのが先生の口癖だった）。

学生時代に始まり、京大文学部の英米文学科で同僚としてご一緒させていただいた時期まで、ずっと喜志先生にはお酒のご馳走になった。午後六時ごろから飲み始めて、次は喜志先生行きつけのバーで飲み、そのバーの向かい側にはカラオケスナックがあり、ひとしきりカラオケで歌った後、店を出ると午前二時ごろで、その近くには喜志先生のお好きな韓国料理の店があり、そこでまた焼き肉をつまみながらビールを飲み、その店を出てもまだ飽き足らず、明け方までやっているラーメン屋に入り、ラーメンと餃子を注文してビールを飲み、ようやく別れたのが午前六時ということもあった。

喜志先生とは何度カラオケで歌ったかわからないほどだった。もちろん、ミュージカルナンバーも歌ったが、喜志先生がとりわけお好きだったのは、笠置シヅ子の「買い物ブギー」(「おっさんおっさんこれなんぼ」と言う先生の野太い歌声が耳にこびりついている)と、フランク永井の「公園の手品師」だった。ちなみに、喜志先生のお父様であった詩人の喜志邦三は作詞家でもあり、三浦洸一の「踊子」や和田弘とマヒナスターズの「お百度こいさん」といった名曲を作詞している。

思い出は尽きないが、最後にもうひとつだけ。喜志先生がまだ京都大学文学部にお勤めだったころの話である。いつものように行きつけのバーで酒を飲みながらおしゃべりしていたら、喜志先生が「定年退職のときにパーティーをやるとしたら、ジャック・ブキャナンみたいにシルクハット、燕尾服にステッキという恰好をしてね、『アイ・ゲス・アイル・ハヴ・トゥー・チェンジ・マイ・プラン』(「プランを変えなきゃならないようだ」)って歌いながらステップを踏んでみたいなあ。それを後でCD－ROMに焼いて、参加者に配るんです」とおっしゃっていたことが忘れられない。

残念ながら、この喜志先生の夢は実現しないままに終わってしまったが、その代わりに実現したのが本書だと思えば、救われたような気分になる。『ミュージカルが《最高》であった頃』は「黄金時代の終焉」という章で終わっていた。それに対して、『ミュージカル映画が《最高》であった頃』は「ミュージカル映画の未来」という章で終わる。これはわたしの想像だが、喜志先生の当初の構想では、やはりこちらも「ミュージカル映画の終焉」で終わるはずではなかったか。それが、『ラ・ラ・ランド』という、ミュージカル映画の文学性を尊重した作品を観て、気が変わったのではないか。その計画変更はこの二冊のミュージカル論にとって、幸せなことだったと思う。ミュージカルは、そしてミュージカル映画は、なんらかのハッピー・エンドで終わってほしいと思うからだ。

本書の結末を読んでいると、わたしには『バンド・ワゴン』のジャック・ブキャナンに扮した喜志先生が、フレッド・アステアのような軽快さはないにしても、少し気取ってステップを踏んでいる姿が目に浮かぶ。こう口ずさみながら——

アイ・ゲス・アイル・ハヴ・トゥー・チェンジ・マイ・プラン……

（わかしま ただし・小説研究者）

索　引
（人名・映画題名）

Ⅰ．人名

ロ

ワ

Ⅱ.映画題名

ア

イ

ウ

オ

カ

ホ

ミ

ヤ・ヨ

ラ・レ・ロ

ワ

参考文献

Ⅰ．事典、年表など

Green, Stanley. *Encyclopaedia of the Musical Film*. New York: Oxford University Press, 1981.　ミュージカル映画のナンバーを誰が演じたかといった、貴重な情報が得られる。非常に役に立つ事典。

———. *Hollywood Musicals Year by Year*. Milwaukee: Hal Leonard Publishing Corporation, 1990.（邦訳『ハリウッド・ミュージカル映画のすべて』岡部迪子監修、村林典子訳、音楽之友社、1998年）1927年から1989年までのミュージカル映画を公開年に従って配列した本。作品名、種々のスタッフの名、出演者名などの索引も完備している。

Hirschhorn, Clive. *The Hollywood Musical*. London: Octopus Books, 1981.　1927年から1979年までのミュージカル映画を個別に説明した本。

Hischak, Thomas. *The American Musical Film Song Encyclopedia*. Westport: Greenwood Press,1999.

———. *Film It with Music: An Encyclopedic Guide to the American Movie Musical*. Westport: Greenwood Press, 2001.

———. *The Oxford Companion to the American Musical: Theatre, Film and Television*. New York: Oxford University Press, 2008.　舞台、映画、テレビのミュージカルのすべてを対象とする充実した事典。

Larkin, Colin, ed., *The Guinness Who's Who of Film Musicals & Musical Films*. Enfield, Middlesex: Guinness Publishing Ltd., 1994.

Lynch, Richard Chigley, comp., *Movie Musicals on Record: A Directory of Recordings of Motion Picture Musicals, 1927-1987*. New York: Greenwood Press, 1989.

Taylor, John Russell, and Arthur Jackson. *The Hollywood Musical*. London: Secker & Warburg, 1971.　通史と事典（作品名、人名）からなる。グリーンの事典同様、個々のナンバーを誰が演じたかが記載してあり、役に立つ。

Warner, Alan. *Who Sang What on the Screen*. London: Angus & Robertson, 1984.

Ⅱ．通史、概説など

Altman, Rick. *The American Film Musical.* Bloomington: Indiana University Press, 1987.

Aylesworth, Thomas G. *Broadway to Hollywood.* Twickenham: Hamlyn Publishing, 1985.

———. *History of Movie Musicals.* Twickenham: Hamlyn Publishing, 1984.

Babington, Bruce, and Peter William Evans. *Blue Skies and Silver Linings: Aspects of the Hollywood Musical.* Manchester: Manchester University Press, 1985.

Barrios, Richard. *A Song in the Dark: The Birth of the Musical Film.* New York: Oxford University Press, 1995.

Bergan, Ronald. *Glamorous Musicals.* London: Octopus Books, 1984.

Cohen, Daniel. *Musicals.* Greenwich, CT: Bison Books, 1984.

Craig, Warren. *The Great Songwriters of Hollywood.* San Diego: A. S. Barnes and Company, 1980.

Druxman, Michael B. *The Musical from Broadway to Hollywood.* South Brunswick: A. S. Barnes and Company, 1980.

Feuer, Jane. *The Hollywood Musical.* London: Macmillan Press, 1982.

Fordin, Hugh. *The World of Entertainment.* Garden City, New York: Doubleday and Company, 1975.　アーサー・フリードが製作したミュージカル映画の概観。

Genné, Beth. *Dance Me a Song: Astaire, Balanchine, Kelly, and the American Film Musical.* New York: Oxford University Press, 2018.

Hemming, Roy. *The Melody Lingers On: The Great Songwriters and Their Movie Musicals.* New York: Newmarket Press, 1986.

Kaplan, Phillip. *The Best, Worst, & Most Unusual: Hollywood Musicals.* New York: Beekman House, 1983.

Kobal, John. *A History of Movie Musicals: Gotta Sing Gotta Dance.* London: Hamlyn Publishing Group, 1983.

Mast, Gerald. *Can't Help Singin': The American Musical on Stage and Screen.* New York: The Overlook Press, 1987.　ミュージカル（映画、舞台）の黄金時代の通史。

Marshall, Bill, and Robynn Stilwell, eds., *Musicals: Hollywood & Beyond.* Exeter: Intellect Books, 2000.　ミュージカルについての論文集。

Mordden, Ethan. *The Hollywood Musical.* Newton Abbot, Devon: David & Charles, 1982.

Propst, Andy. *They Made Us Happy: Betty Comden & Adolph Green's Musicals & Movies*. New York: Oxford University Press, 2019.
Sennett, Ted. *Hollywood Musicals*. New York: Harry N. Abrams. 1981.　大著。図版豊富。
Stern, Lee Edward. *The Movie Musical*. New York: Pyramid Communications, 1974.
Thomas, Tony. *That's Dancing!* New York: Harry N. Abrams, 1984.　9人のスターと振付家としてのバズビー・バークリーの仕事を手がかりにして、映画におけるダンスを論じた本。
Vallance, Tom. *The American Musical*. New York: Castle Books, 1970.
Woll, Allen L. *The Hollywood Musical Goes to War*. Chicago: Nelson Hall, 1983.

Ⅲ. 評伝、回想録など

Casper, Joseph Andrew. *Vincente Minnelli and The Film Musical*. South Brunswick: A. S. Barnes and Company, 1977.
Lerner, Alan Jay. *The Street Where I Live*. London: Hodder and Stoughton, 1978.
Levy, Emanuel. *Vincente Minnelli: Hollywood's Dark Dreamer*. New York: St. Martin's Press, 2009.
McElhaney, Joe, ed., *Vincente Minnelli: The Art of Entertainment*. Detroit: Wayne State University Press, 2009.　22人の研究者によるミネリ論からなる論文集。ミュージカル映画だけでなく、劇映画も論じられている。
Minnelli, Vincente. *I remember it well*. New York: Doubleday and Company., 1974.

Ⅳ. 歌詞集

Asch, Amy, ed., *The Complete Lyrics of Oscar Hammerstein II*. New York: Alfred A. Knopf, 2008.
Day, Barry, ed., *The Complete Lyrics of P. G. Wodehouse*. Lanham, Maryland: The Scarecrow Press, 2004.
Gershwin, Ira. *Lyrics on Several Occasions*. London: Elm Tree Books, 1977.
Hammerstein II, Oscar. *Lyrics*. Milwaukee: Hal Leonard Books, 1985.
Hart, Dorothy, and Robert Kimball, eds., *The Complete Lyrics of Lorenz Hart,* expanded edition. New York: Da Capo Press, 1995.
Kimball, Robert, ed., *The Complete Lyrics of Ira Gershwin*. New York: Alfred

A. Knopf, 1993.
Kimball, Robert, and Linda Emmet, eds., *The Complete Lyrics of Irving Berlin,* New York: Alfred A. Knopf, 2001.
Lerner, Alan Jay, Benny Green ed., *A Hymn to Him: The Lyrics of Alan Jay Lerner*. London: Pavilion Books, 1987.
McHugh, Dominic, and Amy Asch, eds., *The Complete Lyrics of Alan Jay Lerner*. New York: Oxford University Press, 2018.
Porter, Cole, Robert Kimball, ed., *The Complete Lyrics of Cole Porter*. London: Hamish Hamilton, 1983.

V．歌曲集

90 Golden Years of Irving Berlin. London: Chappell, 2000.
The Cole Porter Song Book. New York: Simon and Schuster 、1959.
George Gershwin's Greatest Hits. New York: Warner Bros. Publications, 1976.
Hammerstein II, Oscar, ed., *The Jerome Kern Song Book: The Words and Music of 50 of His Best-Loved Song.* New York: Simon and Schuster and T. B. Harms Company, 1955.
Irving Berlin's 90 Golden Years Volume 2. Ilford, International Music Publications, 1983.
Rodgers, Richard, ed., *The Rodgers and Hart Song Book*. New York: Simon and Schuster, 1951.

*

第一章

Behlmer, Rudy, and Tony Thomas, *Hollywood's Hollywood: The Movies About the Movies.* Secaucus, N. J.: The Citadel Press, 1979.
Carringer, Robert L., ed., *The Jazz Singer.* Madison: The University of Wisconsin Press, 1979.　映画シナリオ。原作の短篇小説をも収める。
Kaufman, George S., *Kaufman & Co.: Broadway Comedies.* New York: The Library of America, 2004.　『一生にただ一度』を含む。

第二章

Altman, Rick, ed., *Genre: The Musical.* London: Routledge & Kegan Paul, 1981.　ルーシー・フィッシャーの論文を含む論集。
Dunn, Don, *The Making of No, No, Nanette.* New York: Dell Publishing, 1973.　ルービー・キーラーが出演した『ノー・ノー・ナネット』のリヴ

ァイヴァル公演の記録。
Fumento, Rocco, ed., *42nd Street.* Madison: The University of Wisconsin Press, 1980.　映画シナリオ。
Haimsohn, George, and Robin Miller, *Dames at Sea.* New York: Samuel French, 1969.　パウエルとキーラーの映画を意識したパスティーシュ劇。
Hove, Arthur, ed., *Gold Diggers of 1933.* Madison: The University of Wisconsin Press, 1980.　映画シナリオ。
McGuire, Patricia Dubin. *Lullaby of Broadway: Life and Times of Al Dubin, One of America' s Great Lyricists.* Secaucus, N. J.: The Citadel Press, 1983.
Rubin, Martin. *Showstoppers: Busby Berkeley and the Tradition of Spectacle.* New York: Columbia University Press, 1993.　バークリーが関わった映画の詳細な分析。
Spivak, Jeffrey. *Buzz: The Life and Art of Busby Berkeley.* Lexington, Kentucky: The University Press of Kentucky, 2011.
Thomas, Tony, and Jim Terry. *The Busby Berkeley Book.* New York: New York Graphic Society, 1973.　バークリーの映画の記録の集大成。図版多数。
Thomas, Tony. *Harry Warren and the Hollywood Musical.* Secaucus, New Jersey: The Citadel Press, 1975.『四十二番街』などの作曲家の業績の研究。楽譜が数多く引用されている。

第三章及び第六章

Astaire, Fred. *Steps in Time.* New York: DaCapo Press, 1979.（初版は1959年刊、邦訳『フレッド・アステア自伝　*Steps in Time*』篠儀直子訳、青土社、2006年）アステアの自伝。必読。
Carrick, Peter. *A Tribute to Fred Astaire.* London: Robert Hale Ltd, 1984.　評伝。
Comden, Betty, and Adolph Green. *The Band Wagon.* London: Lorrimer Publishing, 1986.　映画シナリオ。
Croce, Arlene. *The Fred Astaire & Ginger Rogers Book.* New York: Galahad Books, 1972.　アステアとロジャーズの出演映画の具体的で精細な分析。
Decker, Todd. *Music Makes Me: Fred Astaire and Jazz.* Berkeley: University of California Press, 2011.
Epstein, Joseph. *Fred Astaire.* New Haven: Yale University Press, 2008.
Franceschina, John. *Hermes Pan: The Man Who Danced with Fred Astaire.* New York: Oxford University Press, 2012.　アステアの協力者だった振付家の評伝。

Freedland, Michael. *Fred Astaire.* London: W. H. Allen, 1976.　評伝。
Giles, Sarah. *Fred Astaire: His Friends Talk.* London: Bloomsbury, 1988.
Green, Benny. *Fred Astaire.* London: Hamlyn Publishing, 1979,
Green, Stanley, and Burt Goldblatt. *Starring Fred Astaire.* New York: Dodd, Mead & Company, 1973.
Harvey, Stephen. *Fred Astaire.* New York: Pyramid Communications, 1975. アステアの出演映画の概観。
Hyam, Hannah. *Fred & Ginger: The Astaire-Rogers Partnership 1934-1938.* Brighton: Pen Press Publication, 2007.
Levinson, Peter J.. *Puttin' on the Ritz: Fred Astaire and the Fine Art of Panache: A Biography.* New York: St. Martin's Press, 2009.
McGilligan, Patrick, *Ginger Rogers.* New York: Pyramid Publications, 1975.
Mark Sandrich's Carefree. New York: Frederick Ungar, 1985.　『気儘時代』のシナリオ。
Marshall, Michael. *Top Hat & Tails: The Story of Jack Buchanan.* London: Elm Tree Books, 1978.
Mueller, John. *Astaire Dancing: The Musical Films.* New York: Alfred A. Knopf, 1985.　アステアのすべてのミュージカル映画のすべてのナンバーを分析した本。
Rogers, Ginger. *Ginger: My Story.* London: Headline Book Publishing, 1991.（邦訳『ジンジャー・ロジャース自伝』渡瀬ひとみ訳、キネマ旬報社、1994年）ジンジャー・ロジャーズの自伝。
Riley, Kathleen. *The Astaires: Fred & Adele.* New York: Oxford University Press, 2012.
Satchell, Tim. *Astaire: The Biography.* London: Hutchinson, 1987.
Thomas, Bob. *Astaire: The Man, The Dancer.* New York: St. Martin's Press, 1984.（邦訳『アステア　ザ・ダンサー』武市好古訳、新潮社、1989年）

第四章

Baum, L. Frank, *The Wonderful Wizard of Oz.* London: Oxford University Press, 1997.（邦訳多数あり）映画『オズの魔法使』の原作となった小説。
Goldman, William. *The Season: A Candid Look at Broadway.* New York: Bantam Books, 1970.（初版は1969年刊）1967年に行われたジュディ・ガーランドのコンサートの記録を含む。
Langley, Noel, Florence Ryerson, and Edgar Allan Woolf. *The Wizard of Oz: The Screenplay.* New York: Dell Publishing, 1989.

Luft, Sid. *Judy and I: My Life with Judy Garland.* Chicago, Chicago Review Press, 2017.　ガーランドの三人目の夫だったプロデューサーによる回想録。
Quilter, Peter. *End of the Rainbow.* London: Methuen, 2005.　ガーランドの最晩年を扱った戯曲。
Rushdie, Salman. *The Wizard of Oz.* London: British Film Institute, 2012.　映画『オズの魔法使』の精緻な分析。

第五章

Basinger, Jeanine. *Gene Kelly.* New York: Pyramid Publications, 1976.
Casper, Joseph Andrew. *Stanley Donen.* Metuchen, N.J.: The Scarecrow Press, 1983.
Comden, Betty, and Adolph Green. *Singin' in the Rain.* London: Lorrimer Publishing, 1986.　映画シナリオ。
———. *The New York Musicals of Comden & Green.* New York: Applause Books, 1996.『踊る大紐育』の台本（舞台版）を含む。
Hess, Earl J., and Pratibha A. Dabholkar. *Singin' in the Rain: The Making of an American Masterpiece,* Lawrence, Kansas: University Press of Kansas, 2009.『雨に唄えば』を考えられないほど精細に吟味した本。
Hirschhorn, Clive. *Gene Kelly: A Biography.* London: W. H. Allen, 1984.
Morley, Sheridan, and Ruth Leon. *Gene Kelly: A Celebration.* London: Pavilion Books, 1996.　ケリーの出演映画の概観。
Richards, Stanley, ed., *Ten Great Musicals of the American Theatre.* Radnor: Chilton Book Company, 1973.『ブリガドーン』の台本（舞台版）を収める。
Thomas, Tony. *The Films of Gene Kelly: Song and Dance Man.* Secaucus, N.J.: The Citadel Press, 1974.
Wollen, Peter. *Singin' in the Rain.* London: British Film Institute, 1992.『雨に唄えば』の詳細な分析。

第七章

Ebb, Fred, Bob Fosse, and John Kander. *Chicago.* New York: Samuel French, 1976.　後に映画化されたミュージカルの台本（舞台版）。
Kander, John, and Fred Ebb. *Colored Lights.* New York: Faber and Faber, 2003.『シカゴ』（舞台版、映画版）についての発言を含む。
Kennedy, Matthew. *Roadshow!: The Fall of Film Musicals in the 1960s.* New

York: Oxford University Press, 2014.

Mordden, Ethan. *When Broadway Went to Hollywood.* New York: Oxford University Press, 2016.

———. *All That Jazz: The Life and Times of the Musical Chicago.* New York: Oxford University Press, 2018.

Muir, John Kenneth. *Singing a New Tune: The Rebirth of the Modern Film Musical, from* Evita *to* De-Lovely *and Beyond*. New York: Applause Theatre & Cinema Books, 2005.

Sondheim, Stephen, and James Lapine. *Into the Woods.* New York: Theatre Communications Group, 1989.　舞台版の台本。

Sondheim, Stephen. *Look, I Made a Hat.* New York: Alfred A. Knopf, 2011.　『イントゥ・ザ・ウッズ』の分析を含む。

著者　喜志哲雄（きし てつお）
1935年兵庫県生まれ。京都大学教授を経て同大学名誉教授。専門は英米演劇。著書に『劇場のシェイクスピア』（早川書房）『英米演劇入門』（研究社）『喜劇の手法　笑いのしくみを探る』（集英社新書）『ミュージカルが《最高》であった頃』（晶文社）など。訳書にヤン・コット『シェイクスピアはわれらの同時代人』（白水社）ジョージ・スタイナー『悲劇の死』（ちくま学芸文庫）ピーター・ブルック『なにもない空間』（晶文社）『秘密は何もない』（早川書房）『ハロルド・ピンター全集』（新潮社）ケネス・ブラナー『私のはじまり』（白水社）ウィリアム・シェイクスピア『から騒ぎ』（岩波文庫）などがある。2009年『シェイクスピアのたくらみ』（岩波新書）でAICT（国際演劇評論家協会）演劇評論賞受賞。2015年京都府文化賞・特別功労賞受賞。2019年兵庫県功労者「県勢高揚功労」受賞。

編集協力　岩月美帆
写真協力　公益財団法人川喜多記念映画財団　ポニーキャニオン・アーカイブ

カバー写真（表）『ラ・ラ・ランド』（2016）
デジタル配信中／4K ULTRA HD：¥8,580　Blu-ray：¥2,750
DVD：¥1,980（すべて税込）
発売元：ギャガ／販売元：ポニーキャニオン

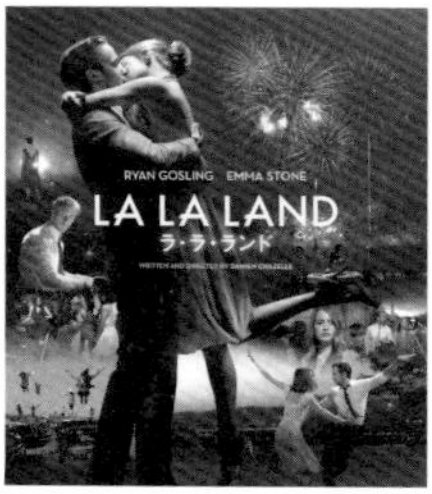

カバー写真（裏）『艦隊を追って』（1936）
本扉写真『コンチネンタル』（1934）

ミュージカル映画《えいが》が《最高《さいこう》》であった頃《ころ》

2024年9月25日初版第1刷発行

著者　喜志哲雄
発行者　佐藤今朝夫
発行所　株式会社国書刊行会
〒174-0056　東京都板橋区志村1-13-15
電話03-5970-7421　ファックス03-5970-7427
https://www.kokusho.co.jp

装幀　山田英春
印刷製本所　中央精版印刷株式会社

ISBN978-4-336-07482-9
落丁・乱丁本はお取り替えいたします。